HECHO EN CASA
CURADOS Y AHUMADOS

Gracias a todos los que se han molestado en enseñarnos para que ahora podamos transmitírselo a Indy y a cualquier persona que tenga interés

BLUME

Título original:
Curing & Smoking

Edición:
Stephanie Jackson, Clare Churly

Dirección artística:
Jonathan Christie

Diseño:
Jaz Bahra

Ilustraciones:
Charlotte Strawbridge, James Strawbridge

Fotografía:
Nick Pope

Estilismo:
Alison Clarkson

Asistente culinario:
Jim Tomson

Traducción:
Cristina Rodríguez-Roca Aguilar

Revisión de la edición en lengua española:
Cristina Escobar González
Ingeniero Agrónomo
Escuela de Agricultura · Universidad de Lleida

Coordinación de la edición en lengua española:
Cristina Rodríguez Fischer

Primera edición en lengua española 2013

© 2013 Naturart, S.A. Editado por BLUME
Av. Mare de Déu de Lorda, 20
08034 Barcelona
Tel. 93 205 40 00 Fax 93 205 14 41
e-mail: info@blume.net
© 2012 Octopus Publishing Group, Londres
© 2012 del texto Dick y James Strawbridge,
Jera Enterprises Ltd, Londres

ISBN: 978-84-15317-15-9

Impreso en China

Todos los derechos reservados. Queda prohibida
la reproducción total o parcial de esta obra,
sea por medios mecánicos o electrónicos,
sin la debida autorización por escrito del editor.

WWW.BLUME.NET

Este libro se ha impreso sobre papel manufacturado
con materia prima procedente de bosques de gestión
responsable. En la producción de nuestros libros
procuramos, con el máximo empeño, cumplir con
los requisitos medioambientales que promueven
la conservación y el uso responsable primarios.
Asimismo, en nuestra preocupación por el planeta,
intentamos emplear al máximo materiales reciclados
y solicitamos a nuestros proveedores que usen
materiales de manufactura cuya fabricación esté
libre de cloro elemental (ECF) o de metales
pesados, entre otros.

Ni los autores ni los editores se hacen
responsables de las lesiones o daños
derivados del uso de las técnicas mostradas
o descritas en este libro.

En todas las recetas se han empleado las medidas
estándar del contenido de las cucharas:
1 cucharada = 15 ml
1 cucharadita = 5 ml

Los hornos deben precalentarse a la temperatura
especificada. Si va a utilizar uno con ventilador,
siga las instrucciones del fabricante para ajustar
el tiempo y la temperatura. El grill también debe
precalentarse.

Este libro incluye platos elaborados con frutos
secos y sus derivados. Se recomienda a las personas
susceptibles de tener reacciones alérgicas a
los frutos secos y sus derivados, y a aquellas
potencialmente vulnerables a estas alergias, como
mujeres embarazadas y lactantes, minusválidos,
ancianos, bebés y niños, que eviten consumir
platos elaborados con frutos secos y sus aceites.

Compruebe siempre las etiquetas de los ingredientes
preparados por si pudieran incluir derivados
de frutos secos.

Recomendamos no consumir huevos sin cocinar.
Este libro contiene algunos platos elaborados
con huevos crudos o poco cocinados. Se recomienda
a las personas más vulnerables, como mujeres
embarazadas y lactantes, minusválidos, ancianos,
bebés y niños, que eviten los platos crudos
o poco cocinados elaborados con huevos.

HECHO EN CASA
DICK Y JAMES STRAWBRIDGE

CURADOS Y AHUMADOS

BLUME

CONTENIDO

6
INTRODUCCIÓN

12
PREPARATIVOS PARA CURAR Y AHUMAR

16
SALMUERAS

40
CURADO EN SECO

66
SECADO AL AIRE LIBRE

96
AHUMADO EN CALIENTE

136
AHUMADO EN FRÍO

170
ÍNDICE

176
CRÉDITOS DE LAS ILUSTRACIONES

INTRODUCCIÓN

Tanto si desea encontrar maneras de conservar un exceso de producción, como ahorrar dinero o simplemente preparar algo delicioso, aprender a curar y ahumar sus propios alimentos es muy divertido. Este libro explica qué opciones tiene y le animará a ponerlas en práctica: el objetivo es que adquiera toda la confianza y los conocimientos necesarios para empezar a experimentar con ingredientes que quizá ya tenga en el frigorífico o despensa.

LAS VENTAJAS DE CURAR Y AHUMAR

Los alimentos curados y ahumados, con sus característicos sabores y texturas, forman parte de nuestra historia, y mucho antes de que los supermercados empezaran a ofrecer alimentos frescos siete días a la semana, estos métodos de conservación constituían sin duda técnicas fundamentales. ¿A qué viene entonces ponerse a ahumar y curar alimentos hoy en día? Preparar comida ahumada y curada en casa no siempre es más económico que comprarla en una tienda (aunque a menudo puede serlo), pero la satisfacción que produce ya es por sí sola una buena razón: el orgullo que uno siente al llevar a la mesa sus propios productos curados para que los disfruten la familia y los amigos es inmenso. Lo que prepare no sabrá exactamente igual que su equivalente industrial, sino que será único y absolutamente maravilloso. Nuestra principal motivación es la calidad de los alimentos que preparamos.

Todo empieza con los ingredientes crudos. El modesto salami, por ejemplo, no es más que carne de cerdo, grasa, condimentos y sal. Dado el esfuerzo dedicado y el tiempo que requiere el producto para madurar, resultaría contraproducente no emplear los mejores ingredientes que podamos encontrar. (Para nosotros esto significa criar a nuestros propios cerdos de manera ecológica. Sin duda es muchísimo más fácil comprar el cerdo a un carnicero de confianza, pero cualquiera que haya criado sus propios cerdos entenderá la satisfacción que ello produce.) La sencillez es clave a la hora de apreciar la esencia de la comida. Cualquier «condimento» presente en la etiqueta de un alimento es razón para alarmarse: ¿significa «con sabor a madera de manzano ahumada» que un trozo de carne o queso se ha ahumado con leña de manzano? Lamentablemente, no; lo más probable es que lo hayan frotado con un químico de color naranja y sabor ahumado.

El hecho de haber pasado de una sociedad agrícola y rural a una urbana no significa que no podamos producir nuestra propia comida. Cualquiera que tenga una cocina, por pequeña que sea, o un patio puede preparar una cantidad sorprendente de curados y ahumados. Nosotros llevamos ahumando quesos y curando carnes y pescados más de veinte años en espacios modestos, y solo cuando nos trasladamos a nuestra pequeña finca en 2005 empezamos a elaborar nuestra propia carne. Para entonces, ya habíamos perfeccionado las técnicas y adquirido la confianza para probarlo todo.

POR DÓNDE EMPEZAR

Este libro le animará a probar todas las modalidades del curado y el ahumado para que descubra la que más le gusta. Le mostraremos todos los métodos básicos y le daremos ideas y recetas para que pueda preparar un plato en el que su producto sea la estrella. Conservar alimentos durante periodos de tiempo largos requiere cierto sentido común, de modo que remarcaremos aquellos aspectos donde conviene ser más cuidadoso. Una vez que domine los principios básicos, utilice los métodos y las recetas a modo de guía y experimente.

Antes de que se aventure a poner en práctica alguno de los proyectos, merece la pena que evalúe lo que pretende conseguir. Calidad, coste, sabor y disponibilidad son todos motivos válidos: nuestros primeros intentos de ahumar en frío surgieron porque los quesos ahumados eran caros y difíciles de encontrar. Hoy en día la oferta se ha multiplicado, pero la calidad sigue dejando mucho que desear. Nos encanta el hecho de poder ahumar toda una tanda de queso –hasta 10 kg a la vez– por el coste del queso en sí y de un simple cubo de serrín (por lo general sale gratis, pero nos parece justo darle al carpintero que nos lo regala alguno de nuestros productos artesanos como muestra de agradecimiento).

En vez de usar un queso muy básico, como tienden a ser la mayoría de las variedades ahumadas de producción comercial, compramos quesos maduros locales cuando tienen alguna oferta especial, o bien utilizamos alguna especialidad gourmet que nos fascine. También controlamos el tipo de humo que usamos y cómo de ahumado queremos el producto final. Controlando todas estas variables podemos elaborar un producto único: ¿cuándo fue la última vez que vio en una tienda un stilton ahumado con madera de haya o un brie ahumado con castaño? Los dos están formidables, dicho sea de paso, sobre todo con una buena rodaja de manzana crujiente. También nos encanta el pollo ahumado en caliente como ingrediente principal de una ensalada, pero teníamos problemas para encontrarlo. Ese fue todo el aliciente que necesitamos para aprender a ahumar en caliente, de manera que ahora podemos tener pollo ecológico ahumado en caliente siempre que queramos.

CREAR ALGO ESPECIAL

El cerdo que criamos es de la máxima calidad y sale más caro que el del supermercado, ya que nuestros cerdos son mucho mayores que la mayoría de los que se crían con fines comerciales. Por meras razones económicas, los cerdos de granjas se conservan solo durante su máximo período de crecimiento y después se sacrifican. Los nuestros, en cambio, se crían despacio y cada pieza de carne ha costado un gran esfuerzo. Podríamos llenar el congelador con trozos de carne, consumirlos con moderación y saborear cada bocado, pero nos gusta buscar maneras de añadirle valor. Cuando curamos o ahumamos nuestra carne, el producto resultante vale mucho más (por ejemplo, una pata de cerdo secada al aire vale unas cinco veces el precio por kilo de una fresca). De manera que el cerdo secado al aire que comemos nos habría costado una pequeña fortuna de no haberlo criado nosotros mismos. Si no va a elaborar su propia carne, busque un carnicero bueno e independiente. Puede guiarse por recomendaciones, pero merece la pena acercarse a echar un vistazo y charlar (lo mejor, sin duda, es evitar una mañana concurrida si quiere dedicar un rato a averiguar de dónde viene la carne).

Tradicionalmente, la gente solía tener una despensa bien provista para pasar los fríos meses de invierno. Aunque son pocas las personas que se sienten obligadas a curar y ahumar la carne ante la perspectiva de no disponer de comida a corto plazo, en los oscuros días de invierno contar con reservas propias permite cosechar y hacer acopio de alimentos fáciles de conseguir y de temporada. Por supuesto, existe el problema de disponer de una de una despensa lo bastante grande, así que antes de convertirse en un fanático de los curados y ahumados, es mejor que se asegure de que tiene un lugar donde almacenar el fruto de su duro trabajo. Además de ser un buen tema de conversación de sobremesa, los alimentos caseros a los que ha dedicado tanto esfuerzo serán una delicia para aquellos que tan solo pueden comprar en las tiendas.

Hojeando este libro se habrá topado, esperamos, con fotografías de platos que le gustaría preparar, pero que quizá no se vea capaz de hacer. ¡Pues sepa que puede! No hay nada en este libro que no sea completamente realizable. Creemos que curar y ahumar sus propios alimentos le resultará tan gratificante, entretenido y, sobre todo, tan delicioso como a nosotros. Es tan solo una cuestión de querer probarlo.

Dick & James

PREPARATIVOS PARA

CURAR Y AHUMAR

Cuando uno se dispone a aprender una nueva técnica se enfrenta a un número desconcertante de opciones. El problema principal puede ser decidir cuándo –y por dónde– empezar. La mayoría de los proyectos que aparecen en este libro pueden empezarse sin más: quizá tenga que salir a comprar algunos ingredientes crudos, pero lo más probable es que tenga los suficientes en la cocina para probar algo enseguida.

QUÉ MÉTODO PROBAR PRIMERO

Le sugerimos que empiece haciendo lo que más le gusta o aquello que no puede encontrar en las tiendas. Si alguna vez se ha sentido decepcionado por una panceta que compró pensando que era de primera calidad y al hacerla a la parrilla solo sabía a sal, no se quede parado e intente algo nuevo. Si le preocupa el residuo blanco que desprende la carne curada al cocinarla en la sartén, tome cartas en el asunto y prepare la suya propia. Nosotros empezamos ahumando queso simplemente porque nos encantaba y era difícil encontrar un buen queso ahumado.

SALMUERAS

Curar carne es una técnica muy antigua, y la salmuera es uno de los métodos más básicos y extendidos. Este curado húmedo es muy agradecido y requiere poco equipo especializado: un recipiente de plástico apto para alimentos es todo cuanto precisa para empezar. Necesitará algo de espacio en la nevera para el recipiente de salmuera o, como mínimo, un lugar fresco donde guardarlo. Empiece con un curado básico y después ya podrá variar los ingredientes. Si le sale bien la primera vez, no caiga en el error de pensar que ya domina la técnica: a buen seguro tendrá que afrontar un montón de decisiones. ¿Volver a hacer el mismo curado para demostrar lo listo que es? ¿Cambiar de corte de carne y mantener el mismo método? ¿Variar el curado y añadir sus propias especias? No existe una única respuesta, pero la diversión está precisamente en experimentar. Lleve un cuaderno y, al margen de anotar la fecha y los detalles de lo que hizo, escriba algunas anotaciones sobre sus catas. Es sorprendentemente fácil olvidarse de cuál de sus muchos y deliciosos platos era su preferido.

CURADO EN SECO

El curado en seco puede ser un método por sí solo, o el precursor del secado al aire o el ahumado. El recipiente requerido para el curado en seco puede ser tan simple como una vasija de barro o un recipiente de plástico apto para comida. Emplear una caja o un barril de madera noble es lo último en el curado en seco tradicional y, si bien estos

objetos pueden encontrarse ocasionalmente a la venta, conviene empezar utilizando un recipiente cualquiera. Si echa en el carro unos cuantos artículos de más, la próxima vez que vaya al supermercado podrá empezar a curar en seco nada más llegar a casa.

El *gravad lax* (una tostada crujiente de origen escandinavo) fue una de nuestras primeras incursiones en el curado en seco, lo que implicó hacer una prensa (*véase* pág. 45), aunque siempre puede improvisar una. Un día estaba de oferta un lomo de salmón en la pescadería y después de comprarlo decidimos «añadirle valor», ya que el *gravad lax* suele ser tres o cuatro veces más caro que el pescado fresco. Para ser del todo sinceros, nunca hemos ahorrado realmente con la prensa, ya que tendemos a comer este delicioso plato mucho más que la mayoría de las familias. ¡Y no es para quejarse!

SECADO AL AIRE LIBRE

A la mayoría de la gente le encanta la idea de secar carne al aire (imagine tener jamones en el desván o salami y chorizo en un cobertizo), pero tratar de determinar la ubicación perfecta para el proceso de curación puede disuadir a más de uno. Merece la pena recordar que el secado al aire engloba más cosas que el simple hecho de tener patas de carne colgadas a la vista de todo el mundo (entre los alimentos secados al aire están desde los manojos de hierbas a la carne seca). Por supuesto, empiece colgando las guindillas que se vayan a secar en la cocina, aunque hay algo especial en curar carne. No necesita un equipo especializado para preparar salami, si bien este método requiere algo de paciencia dado que la comida tarda en curarse conforme se seca. También tendrá que ser paciente en la preparación: el equipo puede resultar caro si sale a comprarlo en el momento, pero puede encontrar picadoras

manuales y máquinas para preparar salchichas de oferta en internet o en los anuncios clasificados del periódico. Estese al tanto y sea previsor para aumentar las posibilidades de encontrar una ganga. De todos modos, siempre puede improvisar: hemos llegado a hacer salchichas bastante aceptables a bordo de un barco con una bomba de bicicleta.

AHUMADO EN CALIENTE

Con la cantidad de productos disponibles en tiendas gourmet y supermercados, ya sabrá si le gusta el sabor antes incluso de hacerlo por primera vez. Prepárese para sentirse satisfecho consigo mismo: ¡«hecho en casa» es siempre mejor que «comprado en una tienda»! Existen una serie de normas que hay que seguir cuando ahumamos en caliente, así que dedique algo de tiempo a familiarizarse con ellas: a ciertas temperaturas, los microbios y bacterias pueden crecer hasta niveles peligrosas (*véanse* págs. 98 y 105 para una información más detallada). Un ahumadero sobre la cocina es el lugar habitual donde empezar, ya que resulta fácil de manejar y puede improvisarse a partir de elementos que se encuentran en casi todas las cocinas. Dicho esto, con ciertos conceptos básicos de bricolaje puede construir un impresionante ahumadero que le permitirá una gran flexibilidad, así como ampliar el repertorio de alimentos ahumados. Además, existen ahumaderos para el hogar de fabricación industrial disponibles en internet. Constituyen una solución fiable y funcional si no es un entusiasta del bricolaje.

AHUMADO EN FRÍO

Hemos llegado a gastar por el simple uso varios ahumaderos en frío. Siempre los hemos construido a partir de bidones de gasolina, pero sirve cualquier recipiente que retenga el humo durante el tiempo suficiente para que impregne los alimentos. El ahumado en frío es tal vez una de las maneras más fáciles de preparar comida muy sabrosa que sorprenderá a familiares y amigos, y mientras el recipiente que haya elegido para ahumar no se humedezca como para permitir que se desarrollen las bacterias, todo le irá bien. Antes de empezar, deberá conseguir algo de serrín y virutas. Asegúrese de que provienen de auténtica madera de manzano o roble, o del tipo de madera que prefiera, ya que de lo contrario no conseguirá el sabor típico de la madera. Medio cubo es más que suficiente para una tanda, pero es mejor hacerse con más cantidad para de ese modo poder repetir y experimentar con diferentes sabores. En ese sentido, merece la pena tener una colección de diferentes serrines para poder presentar una bandeja de sabores. Asegúrese de que la gente que le rodea sepa que necesita el serrín o las virutas para ahumar comida, y no dude en darles a probar sus productos ahumados.

EQUIPARSE

No nos gusta gastar mucho dinero en equipamiento, pero siempre optamos por los artículos de calidad que duran mucho tiempo. Si decide construir su propio ahumadero o caja para curar, dedique tiempo a fabricar algo que haga exactamente lo que usted quiere: no solo es de por sí gratificante, sino que pasará a ser una reliquia familiar. También merece la pena estar atento al mercado de segunda mano, pero asegúrese de que los artículos son funcionales y no solo atractivos. Si conoce a alguien más que cure o ahúme alimentos, pídale consejo, ya que a la mayoría le gusta compartir sus ideas y experiencias.

1
SALMUERAS

INTRODUCCIÓN A LAS

SALMUERAS

La salmuera es una de las maneras más eficaces de conservar la comida. Lo fantástico de este método es que conserva la carne o el pescado húmedos, en perfecto estado para usarse en una gran variedad de platos. Incorporar sabores fuertes a una solución salina con una selección de hierbas y especias significa que penetran realmente en la carne o el pescado y realzan su sabor. Las salmueras llevan tiempo, por lo general unas 24 horas o más, de modo que sea previsor y paciente. ¡Merecerá la pena la espera!

QUÉ ES EL CURADO EN SALMUERA

La salmuera es un proceso sencillo. La carne sumergida en una mezcla de agua y agentes de curado se vuelve tierna y permanece húmeda, ya que la sal no solo empieza a descomponer las fibras musculares duras, sino que también interactúa con las proteínas de la carne de tal manera que las células expulsan y retienen agua.

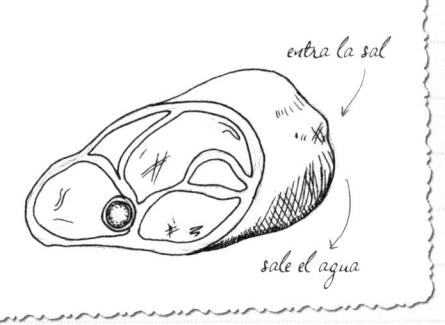

PRINCIPIOS BÁSICOS

- Use 500 g de sal por cada 5 litros de agua.
- Emplee al menos un 50 % del peso de la carne de salmuera; por ejemplo, 1 kg de carne necesitará un mínimo de 500 ml de salmuera.
- Emplee una bolsa para la salmuera o bien un recipiente que sea prácticamente de las mismas dimensiones que la carne, y añada más salmuera si fuera necesario para sumergir la pieza.
- Utilice siempre, por lo menos, el porcentaje de sal recomendado en la solución salina.
- Cambie la solución con regularidad si está curando un gran corte de carne.
- Mantenga siempre la comida sumergida y debidamente refrigerada, por debajo de 5 °C.
- Nunca reutilice una solución de salmuera.

LA SOLUCIÓN DE SALMUERA

Se necesita sal y agua para curar en salmuera. Puede usar cualquier tipo de sal: la de mesa es barata y fácil de conseguir, mientras que la *kosher* tiene un sabor más limpio y se disuelve con más facilidad. Por lo general, la salmuera se logra con una gran proporción de sal y un poco de azúcar. Sin embargo, verá que algunas recetas le piden que haga un curado en salmuera dulce tras la salmuera inicial (por ejemplo, *véase* el pastrami, págs. 108-109). Esto se debe a que el azúcar también puede ser una excelente manera de curar carne y pescado si se emplea en las proporciones adecuadas. Y es que no solo ayuda a reducir el sabor salado, sino que también aumenta el crecimiento de lactobacilos (bacterias beneficiosas para el proceso de curación).

PROBAR LA SALMUERA

Si tiene un salinómetro, puede medir con exactitud el contenido de sal de la salmuera. Como norma, las

No sabe lo que le espera...

Sabores naturales y sin colorantes añadidos

mejores concentraciones de salmuera para los diferentes tipos de carne son:
- 40 %: pollo
- 60 %: lomos de panceta
- 60-80 %: jamones, paletas
- 80 %: pescado

Estas cifras se basan en una solución simple de agua y sal. Si añade azúcar, la salmuera será más pesada. Si quiere una solución más fuerte, añada más sal, y si la quiere más débil, agregue agua. Tenga en cuenta que la escala de un salinómetro mide la densidad de una solución que contiene sal y agua. Añadir otros ingredientes a la salmuera puede alterar la densidad de la solución, de modo que compruébela siempre antes de añadir cualquier condimento.

CONDIMENTOS PARA LA SALMUERA

Puede añadir sabor a la salmuera con hierbas y especias. Una mezcla de curado tradicional podría incluir:

Hojas de laurel
Clavo
Bayas de enebro
Jengibre
Semillas de cilantro
Granos de pimienta negra
Romero
Tomillo
Ajo
Anís estrellado

RECIPIENTES PARA LA SALMUERA

Necesitará un recipiente en el que sellar la solución y la carne durante un período de tiempo. Una bolsa de congelado sobre una bandeja puede funcionar bien para pequeñas cantidades. Cuanto mayor sea la pieza de carne, mayor tendrá que ser el recipiente, y para una pata de cerdo puede necesitar uno mayor, como un cajón de hielo.

LLEVAR UN REGISTRO

Etiquete siempre con claridad la carne que se esté curando, ya que lo último que querrá será echarla a perder por haberse curado durante demasiado tiempo o por no haberse curado lo suficiente. Lleve al día un cuaderno y anote qué salmueras y condimentos ha usado y cuáles son sus preferidas.

SOLUCIONES DE SALMUERA Y TIEMPOS

PRODUCTO	AGUA	SAL	AZÚCAR	TIEMPO
TROZOS GRANDES p.ej., pecho de vaca	5 litros	1,5 kg	500 g	3-5 días
TROZOS MEDIOS p.ej., chuletas de cerdo	500 ml	50 g	50 g	48 horas
CURADO DULCE p.ej. jamón	5 litros	500 g	750 g	24 horas

MÉTODO 1

CERDO EN SALMUERA

Alterar la textura, el gusto y la calidad de la carne o el pescado crudo es algo mágico. Siempre nos quedamos gratamente sorprendidos al seleccionar un gran trozo de cerdo y convertirlo en un jamón tierno y sabroso. Suele existir la idea equivocada de que el jamón es un corte del cerdo, cuando en realidad es simplemente una pata de cerdo curada, y la salmuera es la clave. También puede curar en salmuera otros cortes del cerdo para potenciar su sabor, o incluso pescado, como el arenque.

Lomo de cerdo convertido en un delicioso jamón

PREPARAR LA SOLUCIÓN

La parte más importante de la salmuera es hacer bien la solución salina. Para un jamón fresco y grande con hueso, mezcle 5 litros de agua caliente con 500 g de sal y 500 g de azúcar en un recipiente de plástico grande. Remueva hasta que se disuelva y deje que se enfríe. Esta es la parte esencial de la salmuera, ¡así que asegúrese de hacerlo bien! Cuanto más fuerte sea esta última, más rápido será el curado, y cuanto mayor sea el trozo de carne, más salmuera necesitará.

CONDIMENTAR

Un jamón curado únicamente en salmuera será sabroso, sobre todo si ha elegido carne de un cerdo bien criado y de una raza de la máxima calidad. Sin embargo, parte de la alquimia de la salmuera depende de las hierbas y especias, que aportarán a la carne un sabor intenso conforme la salmuera extraiga la humedad. La sal y el azúcar conservan la carne, mientras que las hierbas y las especias añaden intensidad al sabor. Eche los condimentos directamente a la salmuera o átelos dentro de una bolsa de muselina.

CURAR LA PIEZA

Necesitará un recipiente para la salmuera con tapa o una bolsa de plástico con cierre hermético. El recipiente deberá tener las mismas dimensiones que la carne que vaya a curar.

Vierta la salmuera en el recipiente y añada el trozo de cerdo, asegurándose de que la carne quede totalmente sumergida. Tape el recipiente y métalo en la nevera durante 3-4 días. Dele la vuelta a la carne a diario (por la mañana y por la noche, si es posible) con el fin de obtener un curado uniforme. Para terminar, saque la carne de la salmuera, enjuáguela bajo el grifo y séquela a palmaditas con papel de cocina. Ahora ya tiene un jamón delicioso listo para cocinar.

Si va a curar un trozo de cerdo grande que no cabe en la nevera, intente usar una nevera portátil apta para alimentos con algunas bolsas de frío dentro. Las bolsas habrá que enfriarlas de forma periódica para asegurarse de que la carne se conserva lo bastante fresca, pero es una gran opción para lidiar con piezas grandes.

INYECTAR LA SALMUERA EN TROZOS MÁS GRANDES

A los trozos de carne grandes les puede venir bien inyectarles la salmuera en las partes más profundas. Una jeringa para inyectar salmuera resulta útil para acelerar el tiempo de curación: sitúela cerca del hueso, en medio del trozo, para un mayor sabor y un curado más rápido.

INTÉNTELO CON EL BEICON

Preparar beicon curado en casa es fácil. Cúrelo de la misma manera que un trozo de jamón, pero añada más sal para acelerar el proceso. Para una pieza de cerdo de 3 kg, use 1 kg de sal y 350 g de azúcar para 5 litros de agua, y déjelo curar 24 horas. Si dispone de un espacio fresco, cuelgue el beicon fresco durante un día antes de conservarlo en la nevera. Aguantará en buen estado durante 2 semanas o más si lo ahúma (*véase pág. 142*).

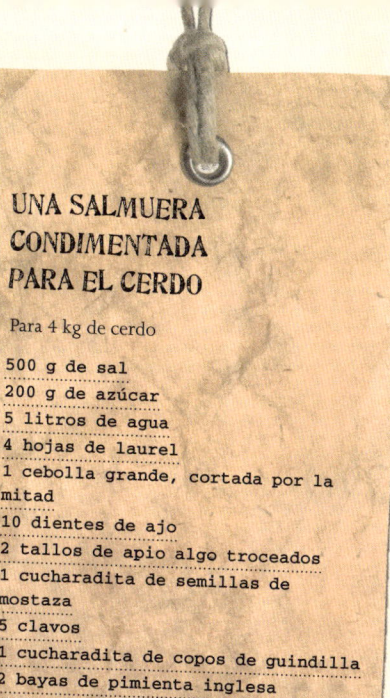

UNA SALMUERA CONDIMENTADA PARA EL CERDO

Para 4 kg de cerdo

- 500 g de sal
- 200 g de azúcar
- 5 litros de agua
- 4 hojas de laurel
- 1 cebolla grande, cortada por la mitad
- 10 dientes de ajo
- 2 tallos de apio algo troceados
- 1 cucharadita de semillas de mostaza
- 5 clavos
- 1 cucharadita de copos de guindilla
- 2 bayas de pimienta inglesa
- 1 cucharadita de granos de pimienta

CÓMO CURAR EN SALMUERA UNA PANCETA DE CERDO

1 Introduzca el cerdo en un recipiente de cristal. Vierta el agua y después añada la sal y el resto de los ingredientes para la salmuera condimentada.

2 Añada el cerdo a la solución de salmuera, cúbralo y métalo en la nevera durante 3-4 días, y dele la vuelta a la carne cada día. Después saque la carne de la salmuera, escúrrala y cocínela.

Las patatas asadas con piel crujiente y el repollo ligeramente cocinado son el acompañamiento perfecto para el delicioso jamón frío.

PARA 4 PERSONAS

1 jamón pequeño
2 zanahorias troceadas
1 tallo de apio troceado
1 cebolla cortada por la mitad
1 puerro troceado
1 puñado de coles de Bruselas

PARA LA SALSA BARBACOA

100 ml de zumo de naranja
75 ml de tomate kétchup
75 g de azúcar moreno
50 ml de salsa Worcester
¼ de cucharadita de pimienta de Cayena

PARA ACOMPAÑAR

4 patatas grandes para asar
aceite de oliva virgen extra
escamas de sal
1 repollo cortado en tiras finas

JAMÓN FRÍO CON SALSA BARBACOA

Si prefiere el jamón menos salado, métalo en una olla con agua fría, llévelo a ebullición, deseche el agua y proceda como se indica a continuación.

Meta el jamón en una olla grande y ponga agua fría hasta cubrirlo. Añada las verduras (el caldo será perfecto para una sopa), llévelo a ebullición y cueza el jamón a fuego lento durante 10 minutos por cada 500 g. Pasado el tiempo, apague el fuego, tape la olla y retire para que se enfríe.

Precaliente el horno a 180 °C, en potencia 4 si es de gas, y ponga las patatas a asar (para que la piel quede crujiente, pínchelas, frótelas con aceite de oliva virgen extra y espolvoréelas con escamas de sal antes de asarlas).

Lleve a ebullición una olla grande de agua. Eche el repollo y cocínelo durante 2 minutos como máximo; después, escúrralo y séquelo.

Para preparar la salsa barbacoa, ponga todos los ingredientes en una olla con el fuego bajo y hiérvalo a fuego lento durante un par de minutos sin dejar de remover.

Saque el jamón del caldo, póngalo sobre una tabla de madera y córtelo en lonchas gruesas. Sírvalo con las patatas asadas, el repollo y una cantidad generosa de salsa barbacoa.

Hay algo especial en trinchar un jamón glaseado en la mesa. Este jamón constituirá el plato fuerte de una gran comida familiar, y la carne restante se podrá consumir en almuerzos y sándwiches durante los días siguientes.

PARA 10-12 PERSONAS

1 x 2-3 kg de jamón

2 zanahorias troceadas

1 tallo de apio troceado

1 cebolla cortada por la mitad

1 puerro troceado

1 puñado de coles de Bruselas

1 cucharada de clavo

200 ml de zumo de naranja

100 g de azúcar moreno

1 cucharada de mostaza molida

JAMÓN GLASEADO ASADO

Si prefiere el jamón menos salado, métalo en una olla con agua fría, llévelo a ebullición, deseche el agua y continúe como se indica a continuación.

Meta el jamón en una olla grande y ponga agua fría hasta cubrirlo. Añada las verduras (el caldo será perfecto para una sopa), llévelo a ebullición, después baje el fuego y cueza el jamón a fuego lento durante 10 minutos por cada 500 g. Pasado ese tiempo, apague el fuego, tape la olla y póngala a un lado a enfriar.

Cuando se haya enfriado lo bastante como para manipularlo, saque el jamón del caldo y quítele con cuidado la piel, dejando una capa de grasa en la carne. Haga cortes en la grasa con forma de diamantes de unos 3 cm de ancho e inserte un clavo en cada diamante. Vierta el zumo de naranja por encima del jamón. A continuación, con la ayuda de un tamiz fino, espolvoree el jamón primero con el azúcar moreno y después con la mostaza molida.

Precaliente el horno a 200 °C, en potencia 6 si es de gas. Ase el jamón durante 15 minutos y después riéguelo con su propio jugo (sobre todo los extremos). Métalo de nuevo en el horno durante 15 minutos más y vuelva a regarlo por última vez antes de ponerlo sobre una tabla de corte. Deje que el jamón repose durante 10-15 minutos antes de cortarlo en lonchas para servirlo.

Las carrilleras, que vienen de la mitad inferior de las mejillas del cerdo, son muy grasas y tienen un sabor tan inconfundible como intenso. Nuestra manera preferida de prepararlas es a modo de paté, donde su sabor y textura pueden realmente destacar y apreciarse. Sirva este facilísimo paté con pan crujiente: ganará de calle a los patés convencionales.

PARA 2 TARRINAS

PARA LAS CARRILLERAS
2 carrilleras
2 zanahorias troceadas
1 cebolla cortada por la mitad
1 tallo de apio

PARA EL PATÉ
2 cebollas cortadas en dados
ralladura de 1 naranja
1 cucharada de mostaza en grano
1 cucharadita de mostaza de Dijon
1 pellizco de clavo molido
el zumo de 1 limón
1 cucharada de tomillo picado

PARA TERMINAR
75 g de mantequilla derretida
2 ramitas de tomillo fresco

PATÉ DE CERDO

Ponga las carrilleras en una olla grande con las zanahorias, la cebolla y el apio. Cúbralo con agua y llévelo a ebullición, después baje el fuego y cuézalo a fuego lento durante 3-4 horas. Saque las carrilleras y déjelas a un lado. Hierva el caldo hasta reducirlo al menos a la mitad de su volumen original. Cuando las carrilleras se hayan enfriado lo suficiente, desprenda la grasa y coloque la carne en un bol grande.

Añada los ingredientes del paté al bol junto con dos cucharadas de la reducción del caldo y mézclelo bien. Trasvase la mezcla a las tarrinas, selle el paté con una capa de mantequilla derretida y corónelo con una ramita de tomillo. Métalo en la nevera para que cuaje. Se conservará durante 3-5 meses.

La mantequilla derretida sella el plato

Los *rollmops* son filetes de arenque enrollados alrededor de una serie de ingredientes (por lo general, rodajas de cebolla, pepinillos encurtidos o aceitunas verdes rellenas de pimiento rojo picante), sujetos por un par de palillos de madera y curados en salmuera. Pueden comerse fríos, sin desenrollar, o encima de una rodaja de pan. Una vez abierto el tarro, suelen conservarse durante 2 o 3 semanas en la nevera.

PARA 6 PERSONAS

1 cebolla cortada en rodajas finas

1 pepinillo encurtido

6 arenques fileteados (filetes mariposa si es posible, *véanse* págs. 156-157)

sal y pimienta negra recién molida

500 ml de vinagre de vino blanco

200 ml de agua

50 g de azúcar

2 hojas de laurel

10 bayas de enebro ligeramente machacadas

6 granos de pimienta

ROLLMOPS

Lleve a ebullición una olla de agua. Añada las rodajas de cebolla y escáldelas durante 10 segundos, después enfríelas en agua (fría). Corte el pepinillo longitudinalmente en 8 piezas largas.

Coloque los filetes de arenque con la piel hacia abajo en una tabla. Sazónelos con sal y pimienta, y coloque un par de rodajas de cebolla sobre cada filete. Ponga una de las piezas de pepinillo encima (le sobrarán un par), enrolle el filete y sujételo con un palillo.

Meta los filetes enrollados en una olla de tamaño suficiente para que queden bien ajustados. Añada el resto de los ingredientes y llévelo a ebullición con el fuego bajo. Cueza a fuego lento durante 1 minuto; a continuación, apártelo del fuego y deje que los filetes se enfríen en el jugo.

Cuando estén fríos, métalos en tarros esterilizados y cúbralos con la salmuera. Cierre los tarros herméticamente y métalos en la nevera. Estarán listos para comer al cabo de 1 semana, y se conservarán en la nevera hasta 6 meses.

MÉTODO 2

CARNE DE VACUNO CURADA EN SALMUERA

La carne curada en salmuera se conoce como carne salada, y cuando se cocina recibe el nombre de *corned beef* (carne curada prensada y enlatada). El pecho de vaca es el corte ideal para usar (es graso y está lleno de tejido conjuntivo), lo que hace que la carne sea muy jugosa una vez cocinada. Es muy similar a la panceta de cerdo, pero mucho más barata. Además, es muy fácil de preparar.

PREPARAR LA SALMUERA

Primero prepare la salmuera. Hay dos maneras distintas de añadirle condimentos. La primera opción es poner todos los ingredientes de la salmuera, excepto la sal, en una olla grande y llevarlo a ebullición. Después se añade la sal y se remueve hasta que se haya disuelto. Retire con una espumadera la capa superficial y deje enfriar la salmuera. Una vez fría, añada la salmuera a la carne. Las especias pueden colarse o dejarse hasta el final del curado, en función de cómo de especiada se desee la carne.

Otra posibilidad es meter las especias aromáticas en una bolsita de muselina cerrada con un pequeño cordel. Golpéela con el canto desafilado de un cuchillo o con un rodillo para liberar los aromas. Puede añadirse a la salmuera fría, junto con los dientes de ajo, o bien hervirse con la salmuera antes de ponerla a enfriar.

CURAR EL PECHO DE VACUNO

Necesitará un recipiente para la salmuera con tapa o una bolsa para productos congelados grande y reforzada. El recipiente debe tener las mismas dimensiones que la carne que vaya a curar.

Eche la salmuera en el recipiente y añada la carne, asegurándose de que quede sumergida. Póngale la tapa al recipiente, métalo en la nevera durante una semana y dele la vuelta a la carne todos los días.

COCINAR LA PIEZA

Pasados 7-10 días, saque la carne de la salmuera, escúrrala un poco y séquela a palmaditas con papel de cocina. Meta la carne en una olla grande, cúbrala con agua dulce y añada una zanahoria troceada, una cebolla y un tallo de apio. Una vez que empiece a hervir, cuézalo a fuego lento durante 3-4 horas, hasta que pueda atravesar la carne fácilmente con un cuchillo afilado o una brocheta.

INTÉNTELO CON EL CERDO SALADO

El cerdo salado es prácticamente idéntico a la carne salada. Puede curarse con mucha más grasa y, cortado en pequeños lardos grasos, es excelente en sopas o añadido al salami.

Para 750 g de panceta o costillar, disuelva 300 g de sal en 4 litros de agua, añada 1 cucharada de pimienta, 1 hoja de laurel, 4 clavos, 1 cucharadita de nuez moscada y otra de semillas de mostaza. Sumerja el cerdo en la salmuera y métalo en la nevera durante 2-4 días. Después sáquelo, escúrralo en agua fría y séquelo a palmaditas antes de usarlo.

UNA SALMUERA CONDIMENTADA PARA LA CARNE DE VACUNO

Para 1 kg de pecho de vaca

4 litros de agua
400 g de sal
200 g de azúcar
2 hojas de laurel
25 g de especias en una bolsa, con pimienta inglesa, enebro, mostaza, cilantro, guindillas secas, jengibre y clavos
3 dientes de ajo

CÓMO HACER CARNE SALADA

Lleve a ebullición el agua, la sal y las hojas de laurel en una olla, y deje que se enfríe. Ponga los ingredientes de la bolsa de especias en un círculo de muselina, una los extremos y átelos con un cordel.

Golpee la bolsa de especias con el canto desafilado de un cuchillo o con un rodillo, para liberar los aromas. Pele los dientes de ajo.

Vierta la salmuera ya fría en una fuente y añada la bolsa de especias, el ajo y la carne, de modo que esta quede sumergida. Tape la fuente, métala en la nevera durante una semana y voltee la carne cada día.

SALMUERAS 33

Esta receta fácil y rápida es una forma muy poco habitual de servir carne salada y constituye un delicioso entrante, almuerzo o tentempié. La mayonesa de ortiga está buenísima con esta carne. Si no tiene ortigas al alcance, puede usar eneldo o berros.

PARA 4 PERSONAS

PARA LA MAYONESA DE ORTIGA

200 ml de aceite vegetal, más algo extra para las ortigas
125 g de brotes de hojas de ortiga
1 diente de ajo cortado en rodajas finas
1 yema grande de huevo
1 cucharadita de mostaza de Dijon

PARA LAS CROQUETAS DE CARNE

450 g de carne curada en salmuera (enfriada)
2 huevos
100 ml de leche
100 ml de cerveza
3 cucharadas de mostaza
1 cucharadita de pimienta de Cayena
sal y pimienta negra recién molida
aceite vegetal para una fritura a fondo

CROQUETAS DE CARNE SALADA CON MAYONESA DE ORTIGAS

Para preparar la mayonesa, caliente ligeramente el aceite vegetal en una olla, a continuación añada las hojas de ortiga y el ajo, y sofríalo durante 2 minutos. Retírelo del fuego y deje enfriar. Ponga la yema del huevo y la mostaza en una licuadora, y procéselas durante 15 segundos. Cuando la mezcla sea homogénea, y con la licuadora en marcha, vierta un poco de aceite hasta que quede incorporado y la mayonesa espese. Pare la licuadora, añada las ortigas y pase de nuevo la mezcla hasta obtener un puré.

Desmenuce la carne curada y forme pelotas grandes. Bata juntos los huevos, la leche, la cerveza, la mostaza, la pimienta de Cayena, la sal y la pimienta negra hasta obtener una mezcla para rebozado. Pase cada una de las pelotas por esta útima y fríalas en abundante aceite a 270 °C durante 2-3 minutos, o hasta que estén doradas. Escúrralas sobre papel de cocina y sírvalas calientes con una ensalada de roqueta con un aliño suave, la mayonesa de ortiga y un par de pepinillos encurtidos.

Somos unos firmes defensores del *corned beef* casero, cuyo sabor intenso y sabroso nada tiene que ver con ese que se vende en lata. Esta receta parte de un clásico plato de desayuno y lo convierte en una cena abundante con cierto toque irlandés.

PARA 4 PERSONAS

1 kg de pecho de vaca curado
1 cebolla troceada
1 zanahoria troceada
1 tallo de apio troceado
mantequilla
2 cebollas blancas grandes, cortadas en dados finos
4 patatas cortadas en dados finos
2-3 cucharadas de caldo reducido del proceso de curación (*véase* pág. 32)
1 cucharada de perejil picado

ESTOFADO DE *CORNED BEEF* A LA IRLANDESA

Para preparar el *corned beef*, ponga la carne en una olla grande y añada la zanahoria, la cebolla y el apio. Vierta agua hasta cubrir la carne, llévelo a ebullición, baje el fuego, cuézalo a fuego lento durante 3 horas y dele la vuelta a la carne de manera que quede siempre dentro del líquido. Saque la carne y las verduras de la olla, déjelos a un lado y hierva el caldo durante 45 minutos o hasta que empiece a espesar.

Derrita un trozo generoso de mantequilla en una olla grande y añada las cebollas blancas. Cuézalas durante un par de minutos y, a continuación, añada las patatas. Corte en tacos la carne y échela a la olla junto al caldo reducido. Cuézalo todo durante 15-20 minutos o hasta que las patatas y la carne empiecen a dorarse. Eche el perejil, remueva y sirva.

El cerdo salado se suele hacer con panceta, ya que tiene más sabor y se cocina más rápido que el que está sin salar. Junto con las cebollas, las patatas y la leche, el cerdo curado es un ingrediente fundamental de la tradicional crema de marisco.

PARA 4-6 PERSONAS

24 almejas (unos 250 g)
25 g de mantequilla
150 g de cerdo curado, cortado en dados finos
1 puerro grande finamente picado
1 cebolla grande troceada
2 tallos de apio finamente picados
500 g de patatas peladas y cortadas en dados
600 ml de leche
300 ml de nata ligera
1 hoja de laurel finamente picada
sal y pimienta negra y blanca

CERDO SALADO Y CREMA DE MARISCO

Limpie las almejas, apartando aquellas que estén abiertas o que no se cierren al golpearlas, y póngalas en una olla grande con un poco de agua. Tápela y cuézalas a fuego alto durante un par de minutos o hasta que se hayan abierto. Deseche las que estén cerradas. Separe el líquido en otro recipiente y déjelo a un lado (este caldo añadirá más tarde un sabor extra a la crema). Cuando las almejas se hayan enfriado lo suficiente, sepárelas de sus conchas y guarde algunas para decorar los platos. Corte las almejas en trozos pequeños, de 1 cm aproximadamente.

Derrita la mantequilla en la misma olla y añada el cerdo salado. Cuando empiece a dorarse, agregue el puerro, la cebolla y el apio, y fría todo hasta que esté blando. Ponga las patatas, la leche, la nata y la hoja de laurel en otra olla grande a fuego medio y cuézalo todo hasta que las patatas empiecen a ablandarse. Combine la mezcla de las patatas con la del cerdo y la cebolla, y a continuación añada el caldo de almejas que había reservado y hiérvalo todo a fuego lento durante 5 minutos. Por último, añada las almejas troceadas y aderece todo con sal y pimienta blanca.

Para servir, ponga en cada uno de los boles un par de conchas de las que había apartado previamente, sirva la crema sobre ellas con un cucharón sobre las conchas y espolvoree con pimienta negra molida.

2
CURADO EN SECO

INTRODUCCIÓN AL
CURADO EN SECO

El curado en seco es lo mismo que la salmuera, pero sin el agua. Este método se ha venido usando ampliamente como medio de conservación desde la antigüedad. Puede que nuestros antepasados no entendieran de química, pero es bastante simple: prácticamente toda la carne contiene un alto porcentaje de agua, que debe eliminarse para evitar que se estropee. La sal restregada en la pieza extrae el agua y retarda el crecimiento de enzimas y microbios.

EN QUÉ CONSISTE EL CURADO EN SECO

Si observamos nuestra comida más de cerca, veremos que presenta una estructura muy compleja. Al curar alimentos merece la pena entender la acción de las enzimas y los microorganismos, así como la estructura de la carne. Las enzimas son proteínas especializadas que pueden ayudar a favorecer la maduración; sin embargo, también pueden desencadenar el proceso de putrefacción. La manera más simple de detenerlas es cocinar o congelar la comida. Los mohos, levaduras y bacterias son microorganismos que a veces se aprovechan para añadir sabor (piense sin más en algunos quesos maduros), pero que, si no se controlan, pueden echar a perder la comida.

La resistencia a la sal de los distintos tipos de bacterias es variable. Por ejemplo, la salmonella se inhibe con concentraciones de sal tan bajas como un 3 %, pero los estafilococos sobreviven en concentraciones mucho mayores. El proceso de curación debe proporcionar un curado suficiente que proteja eficazmente contra un deterioro indeseado. Esto puede sonar a campo de batalla, pero presenta la ventaja añadida de que el sabor sale también realzado, sobre todo si se añaden hierbas o especias.

La sal obtenida según los métodos tradicionales es el ingrediente básico, aunque actúa con menos intensidad en el curado si se emplea en su forma gruesa, de ahí que se prefieran la sal de roca, *kosher* o de mar a la variedad de mesa. El curado no tiene lugar de manera inmediata, sino que lleva su tiempo que la sal penetre en la carne y extraiga la humedad. También merece la pena recordar que la carne es vulnerable durante el proceso de curación, por lo que debe conservarse en un lugar fresco. No era una casualidad que el curado se realizase sobre todo a principios de invierno, cuando las reservas de otoño habían menguado y habían dado comienzo los días de frío. La sal a solas puede secar la carne y dejarla dura y salada, y a menudo pierde incluso su color. Para contrarrestar esto suele añadirse azúcar.

PRINCIPIOS BÁSICOS

- Es esencial comprar carne o pescado de buena calidad.
- Limpie a fondo todo lo que vaya a usar.
- Retire el exceso de grasa de la carne y las partes que no quiera antes del curado.
- Restriegue bien la sal por toda la carne o el pescado, en especial por los pliegues y huecos.
- Utilice una vasija de barro, un recipiente de plástico apto para comida o un barril o caja de madera noble.
- Mantenga la carne o pescado frescos durante el curado.
- El curado lleva tiempo, así que sea paciente: quien tiene paciencia, acaba obteniendo lo que desea.

La mayoría de las carnes se pueden curar

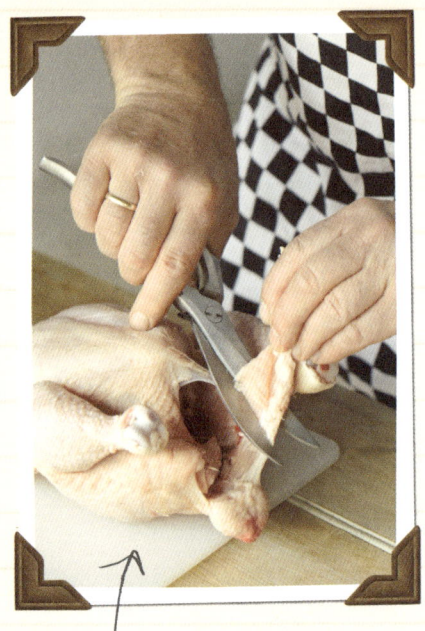

Es esencial empezar con carnes o pescados de la mejor calidad que pueda encontrar

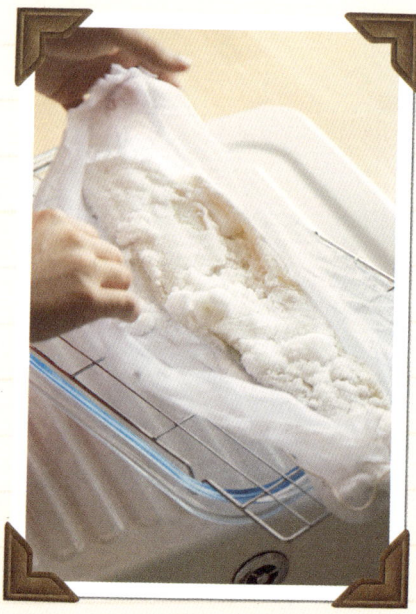

EL CURADO BÁSICO

Para preparar un curado en seco básico, mezcle sal y azúcar en una proporción 3:1. Necesitará al menos 100 g de curado por cada kilo de carne o pescado. Después, añada las especias o condimentos. Tiene sentido curar más de un corte de carne o pescado a la vez. Por ejemplo, para 5 kg de carne tendría que usar al menos 500 g de curado (375 g de sal y 125 g de azúcar).

AÑADIR CONDIMENTOS

Puede personalizar el curado con casi cualquier condimento, pero las especias ligeramente molidas proporcionan más sabor que las hierbas, sobre todo si se han tostado un poco antes de molerlas para que desprendan sus aceites. Use especias aromáticas como guindillas secas, anís estrellado, granos de pimienta negra y vainas de cardamomo. En vez de azúcar puede añadir miel, sirope o incluso melaza.

EL PROCESO DE CURACIÓN

Necesitará un cubo de plástico, una vasija de barro o un barril o caja de madera noble. El recipiente deberá tener agujeros de drenaje y no puede ser de metal. Frote bien los trozos individuales de carne o pescado con el curado, con especial atención a los huecos y las zonas alrededor de los huesos. Extienda una buena capa de curado en la base del recipiente, después meta los trozos más grandes de carne o pescado con la piel hacia abajo, tratando de que no se toquen entre ellos. Cúbralos con una capa de curado y después añada una segunda capa de carne o pescado. Cúbralos con más curado. Tape el recipiente, a ser posible aplastando la carne. Póngalo sobre un escurridor o bandeja, consérvelo en un lugar fresco durante 4 días y asegúrese de que el líquido que sale por la parte inferior del recipiente se evacua correctamente.

Pasados 4 días, saque la carne del recipiente y vuelva a meterla, asegurándose de que está todo bien cubierto por el curado. Si sospecha que algunas zonas se habían quedado sin cubrir, frótelas a fondo. La carne debe permanecer en este segundo curado durante 2 días por kilo. Asegúrese de poner los trozos más pequeños en la parte superior, ya que no necesitan curarse durante tanto tiempo como los grandes y puede sacarlos en primer lugar.

CONSIDERACIONES SOBRE LOS TIEMPOS

Existen muchas variables a la hora de determinar la duración del curado:
- Si hace frío, el curado puede llevar más tiempo; y si hace calor, menos.
- Los cortes gruesos requieren más tiempo de curado que los finos.
- El gusto personal es también un factor que conviene tener en cuenta.

CURADOS EN SECO Y TIEMPO

PRODUCTO	SAL	AZÚCAR	TIEMPO
PATO, PECHUGA alrededor de 1 kg	100 g	30 g	6 días
CERDO, PANCETA O LOMO unos 2 kg	2 kg	200 g	8 días
PATA DE CERDO unos 6 kg	600 g	200 g	21 días

MÉTODO 3

CERDO CURADO EN SECO

Curar en seco diferentes cortes de cerdo producirá una variedad de gustos y texturas completamente diferentes. A nosotros nos gustan sobre todo la carrillada, el codillo y el tocino de papada, pero al margen del solomillo, que es un corte muy tierno y caro, no hay parte del cerdo que no justifique un curado. Curar en seco una pata entera resulta algo impresionante, pero dicho esto, todo el mundo debería empezar por el beicon.

ELEGIR EL CORTE

Si no se fía de la experiencia del carnicero, pídale cómo quiere que le prepare la carne. Aunque es bastante larga, una pieza completa de cerdo que contenga carne de lomo y panceta es algo especial y resulta muy fácil ahumarla en frío una vez curada (*véase pág. 142*). Pídale al carnicero papada si quiere un beicon jugoso y bien veteado.

PREPARAR LA MEZCLA PARA EL CURADO

Mezcle los ingredientes del curado. Para unos 2 kg de lomo con hueso y panceta de cerdo, necesitará 200 g de sal de roca y 75 g de azúcar moreno.

La primera vez que se proponga hacer beicon, es mejor usar únicamente sal y azúcar; sin embargo, si piensa añadir hierbas o especias, hágalo en este momento tras machacarlas en un mortero. Curar una pata entera puede parecer una hazaña, pero los principios siguen siendo los mismos, con independencia del tamaño de la carne: simplemente use las mismas proporciones de sal y azúcar.

COMPLETAR EL CURADO

Pasados 4 días, saque el cerdo y sacuda con un cepillo los restos de curado en el recipiente. La carne habrá cambiado de textura y estará más firme. Vuelva a frotar la pieza con el curado y métala otra vez en la caja. Si observa partes lisas que aparentemente no se hayan curado, imprégnelas con más curado y asegúrese de que queden en contacto con abundante mezcla de sal. Pasados otros 2 días, repita el proceso. Hágalo una vez más hasta un total de 8 días de curado. Por último, aclárelo con agua fría, séquelo a palmaditas con papel de cocina y, a continuación, cuélguelo en un lugar fresco para que se seque del todo antes de envolverlo y refrigerarlo.

Recuerde que el gusto personal es de suma importancia. Tome siempre notas de lo que ha hecho y ajústese a ellas para obtener el curado deseado la próxima vez.

Empiece por el beicon

UN CURADO AROMÁTICO PARA UNA PATA DE CERDO

Para 6 kg de pata de cerdo

600 g de sal
200 g de azúcar
10 anises estrellados
10 hojas de laurel
3 cucharadas de granos de pimienta negra
3 cucharadas de semillas de cilantro
6 guindillas secas

Machaque un poco las especias en un mortero y póngalas en un bol con la sal y el azúcar.

CÓMO CURAR EN SECO CARNE DE CERDO

1 Frote la carne con parte del curado. Extienda una capa de la mezcla del curado en un recipiente de plástico o de madera noble, que debe tener agujeros de drenaje en el fondo y una tapadera.

2 Coloque la carne sobre el curado, con el lado de la grasa hacia abajo. Espolvoree otra capa de curado y, si tiene más carne, repita el proceso.

3 Si sobra curado al final, échelo en el recipiente y apriételo contra el cerdo. Cúbralo con un trapo de cocina limpio y guárdelo en un lugar fresco para dejar que se cure.

Con esta receta se prepara una rica salsa que casa a la perfección con la pasta, pero el sabor salado y crujiente del beicon es sin duda la estrella. Lo mejor es el pesto casero, pero si lo prefiere puede comprarlo hecho.

PARA 4 PERSONAS

500 g de pasta seca (los *linguini* son ideales)
1 cucharadita de aceite de oliva
200 g de beicon curado en seco, cortado en trozos pequeños
½ cebolla cortada finamente en dados
10 tomates secos finamente picados
200 ml de crema fresca

PARA EL PESTO

1 puñado de hojas frescas de albahaca
3 dientes de ajo
1 cucharada de piñones
1 cucharada de queso parmesano rallado
aceite de oliva virgen extra

PASTA CON BEICON Y PESTO

Para preparar el pesto, utilice un mortero, una licuadora o un robot de cocina para mezclar la albahaca, el ajo, los piñones y el parmesano, añadiendo la suficiente cantidad de aceite de oliva virgen extra para obtener una pasta espesa. Déjelo a un lado.

Lleve a ebullición una olla grande de agua con sal. Añada la pasta y una cucharadita de aceite en el agua, y cueza la pasta 1 minuto menos de lo que indica el paquete.

Mientras se esté cociendo la pasta, ponga el beicon en una sartén grande sin nada de aceite y fríalo a fuego alto hasta que empiece a estar crujiente. Añada las cebollas y fría todo durante 3 minutos más; a continuación, añada el pesto y los tomates secos, remueva y cocine durante otros tres minutos. Incorpore la crema fresca y remueva. Déjelo a un lado.

Escurra la pasta cuando esté lista. Añádala a la sartén de la salsa, remueva para que se mezcle todo bien y sirva.

No hay nada como el pesto fresco

MÉTODO 4

CURAR EN SECO PECHUGAS DE PATO

La pechuga de pato es relativamente cara, pero da mucho de sí. Si se sirve de la manera convencional, bien frita o asada, se tiende a esperar una pechuga completa, pero si se cura, se corta en lonchas y se cocina, una única pechuga puede dar para tres personas. Además, el proceso de curación conserva la carne, así que puede guardarse en la nevera.

PREPARAR LA MEZCLA PARA EL CURADO

El proceso no podría ser más sencillo. Mezcle los ingredientes del curado. A continuación, extienda una capa de curado en un recipiente con agujeros de drenaje. Frote parte del curado en las pechugas, métalas en el recipiente con la piel hacia abajo y esparza otra capa de curado por encima.

COMPLETAR EL CURADO

Pasados 4 días, saque las pechugas de pato y sacuda con un cepillo los restos de curado en el recipiente. Las pechugas habrán cambiado de textura, estarán más firmes. En función de su grosor, necesitarán 1 o 2 días más (una pechuga curada no debe ceder fácilmente al presionarla entre los dedos gordo e índice). Vuelva a frotar la carne con el curado y meta de nuevo las pechugas en el recipiente. Si observa partes lisas que no se hayan curado, impréngnelas más y asegúrese de que están en contacto con abundante sal. Cuando las pechugas de pato estén curadas, aclare cualquier exceso de sal con agua fría y séquelas con papel de cocina. Cuelgue las pechugas y deje que se sequen del todo. Guárdelas en la nevera durante 2-3 semanas.

INTÉNTELO CON EL PAVO

Curar carne de pavo también puede dar muy buen resultado, pero tiene que ser el muslo, el contramuslo o el jarrete, ya que la pechuga y otra carne blanca es demasiado magra para curarla y tratarla como el jamón. Sin embargo, si cura un poco la carne, puede ahumarse en caliente (*véase* pág. 112) y está verdaderamente deliciosa.

UN CURADO AROMÁTICO PARA LAS PECHUGAS DE PATO

Para 4 pechugas de pato con un peso aproximado de 1 kg

```
1 naranja
3 anises estrellados
1 guindilla seca
100 g de sal de roca
30 g de azúcar moreno
1 ramillete de tomillo
```

Use un pelador de verduras para quitarle la piel a la naranja. Machaque las especias en un mortero y métalas en un bol con la sal y el azúcar.

CÓMO CURAR EN SECO PECHUGAS DE PATO

1 Desprenda toda la grasa suelta y la sangre de las pechugas. Luego, pínchelas con una brocheta por el lado de la piel, atravesándolas hasta media profundidad. Haga unos 12 agujeros por pechuga.

2 Extienda una capa de curado en un recipiente con agujeros de drenaje en la base. Después, frote cada una de las pechugas con parte del curado.

3 Ponga una capa de pechuga de pato sobre el curado, con la piel hacia abajo. Esparza otra capa de curado y proceda de igual modo con otra capa de pechuga; esparza el resto del curado por encima.

4 Cubra el recipiente y consérvelo en un lugar fresco durante 4 días. Después saque las pechugas, frote de nuevo la carne con el curado, vuelva a llenar el recipiente y cúrelas durante 1-2 días más.

CURADO EN SECO 51

Al cocinarla, la pechuga de pato tiene las características del beicon magro, pero conserva su propio y exclusivo sabor. Freír con abundante aceite el pato durante unos instantes produce unas lonchas crujientes, que están deliciosas mezcladas en una ensalada. El pato salado y las naranjas dulces combinan a la perfección acompañadas de unas hojas de ensalada amargas.

PARA 4 PERSONAS

aceite vegetal para freír
1 pechuga de pato curado en seco cortada en finas lonchas
2 naranjas sanguinas
50 g de mantequilla
50 g de azúcar moreno
un par de puñados de hojas mixtas para ensalada

PARA EL ALIÑO

4 cucharadas de aceite de oliva virgen extra
2 cucharadas de vinagre de sidra
1 cucharada de piel de naranja finamente rallada
½ cucharadita de mostaza

ENSALADA CRUJIENTE DE PATO CURADO EN SECO CON NARANJAS CARAMELIZADAS

Para preparar el aliño, mezcle los ingredientes en un cuenco pequeño o una jarra.

Caliente un poco de aceite en una freidora profunda o una sartén grande y fría las lonchas de pato durante unos instantes. Si no dispone de una freidora, caliente un poco de aceite en una sartén y cocine cada loncha por separado.

Corte la piel y retire el albedo de las naranjas, después corte la fruta horizontalmente en rodajas de unos 5 mm de grosor. Caliente la mantequilla y el azúcar en una sartén caliente hasta que la mezcla haga burbujas. Absorba el exceso de humedad de las rodajas de naranja con papel de cocina e incorpórelas a la sartén. No las mueva: deje que se cocinen en el mismo lugar. Transcurridos 4 minutos, las rodajas de naranja deberían estar caramelizadas, así que deles la vuelta y cocínelas por el otro lado.

Retire la sartén del fuego y deje las naranjas a un lado para que se enfríen. Añada los jugos de la sartén al aliño.

Disponga las hojas para ensalada en una fuente y distribuya las lonchas de pato por encima. Esparza el aliño y sirva.

MÉTODO 5
GRAVAD LAX

Primero se limpia el pescado

Este método de curación en seco se desarrolló en Escandinavia como un medio de conservar el excedente de la temporada de salmón. El pescado fresco se enterraba en la arena con sal y hierbas, y se recogía días, semanas o meses más tarde, cuando había «fermentado» y era comestible. Actualmente la fermentación no forma parte del proceso, pero el salmón sigue «enterrándose» en una marinada seca. El mismo método puede emplearse para curar cualquier pescado graso y de carne firme, como la trucha. Es una manera estupenda de hacer que un lomo de salmón dure para varias comidas (una vez curado, se conserva en la nevera durante una semana). Una vez que domine el *gravad lax*, experimente con sabores y pruébelos en su pescado preferido.

CÓMO FILETEAR EL PESCADO

Preparar su propio pescado fresco es una experiencia sin igual, y empezar con uno entero es la opción con una mejor relación calidad-precio si va a comprar uno. Puede pedirle al pescadero que lo haga por usted, pero filetear un pescado entero es una habilidad que merece la pena aprender (y es fácil cuando uno sabe hacerlo).

1 Destripe y limpie el pescado si fuera necesario, y séquelo a palmaditas. Haga una incisión con un cuchillo afilado para filetear justo por detrás de las agallas de un lado, desde la parte superior de la cabeza hasta el vientre.

2 Empiece a cortar desde la parte superior del pescado hacia la espina dorsal, de cabeza a cola, separando la carne de la espina conforme avanza.

Tirando de la carne a medida que avanza, raspe de un extremo a otro a largo de la espina dorsal en dirección a la cola, hasta soltar el filete.

Corte a través de toda la piel del vientre conforme avanza hacia la cola. Una vez que haya cortado el primer filete, déjelo a un lado, dé la vuelta al pescado y repita el proceso en el otro costado.

Antes de quitarle la piel a un filete, elimine todas las espinas que pudieran quedar en la carne. Tenga especial cuidado con las espinas intramusculares, que son muy desagradables si se tragan. Pase los dedos para revisar si queda alguna y quítelas con unas pinzas.

Por último, quite la piel al filete. Empezando por la cola, use el filo del cuchillo para ir zigzagueando a lo largo de la piel y separar la carne de una pieza. Recorte el filete si fuera necesario. Utilice la piel, cabeza y espinas sobrantes para preparar un caldo.

CURADO EN SECO

UN CLÁSICO GRAVAD LAX DE SALMÓN

Para 750 g de lomo de salmón

un ramo grande de eneldo picado
100 g de azúcar granulada
sal de mar
pimienta negra

Mezcle el eneldo y el azúcar en un cuenco y sazónelo con un gran pellizco de sal y pimienta molida al gusto. Siga paso a paso las instrucciones que se indican.

Ponga la mitad de la mezcla de eneldo en la base de una fuente de horno plana y esmaltada, y coloque el salmón encima.

Cubra el salmón de manera homogénea con el resto de la mezcla de eneldo.

Cúbralo con una lámina suelta de película transparente y ponga la prensa encima. Añada peso (varias latas de la despensa distribuidas de manera homogénea es lo ideal) y métalo en la nevera durante 24 horas.

FABRIQUE SU PROPIA PRENSA

Cualquier recipiente esmaltado puede usarse como prensa, no importa qué forma tenga la fuente siempre que sea lo suficientemente grande para contener un lomo de pescado. Usando su recipiente de guía, corte una pieza de madera que se ajuste bien al interior de la base. Para que se pueda sacar fácilmente, póngale un pomo de madera con un tornillo de acero inoxidable.

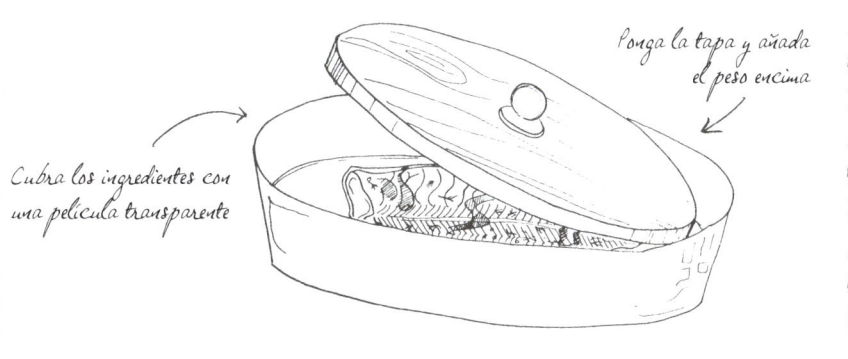

Cubra los ingredientes con una película transparente

Ponga la tapa y añada el peso encima

PREPARAR EL CURADO

El curado de eneldo del *gravad lax* clásico es difícil de mejorar, pero también le van bien otros sabores. Pruebe a reemplazar el eneldo y la pimienta negra con la ralladura de un limón y una naranja, o con 3 cucharadas de rábano picante rallado.

TERMINARLO

Antes de servirlo, aclare bien el *gravad lax* con agua fría para eliminar cualquier resto de la mezcla del curado. Empape papel de cocina para secarlo. Cubra del todo un lado del filete con puntas de eneldo finamente picadas, evitando los tallos, que son amargos. Cúbralo por completo con papel de aluminio y métalo en la nevera hasta que lo necesite.

SERVIRLO

Disponga el *gravad lax*, con la parte del eneldo hacia arriba, en una superficie plana. Con un cuchillo de filetear, corte diagonalmente a lo ancho del filete para obtener lonchas finas y homogéneas. Cada tajada tendrá una tira de eneldo en uno de los bordes.

MÉTODO 6

BACALAO SALADO

Hay un par de platos que realmente encarnan el proceso de curación, y el bacalao curado es uno de ellos. Rebosa historia y aúna las técnicas de conservación tradicionales. Además, es increíblemente práctico y fácil de hacer en casa, ya que bastan solo 2 ingredientes: sal y bacalao. El proceso evolucionó como un método de conservar el pescado en países calurosos, donde primero se salaba y después se dejaba secar al sol. Pero se puede salar el bacalao en cualquier sitio, siempre que se disponga de un lugar seco donde guardarlo. A nosotros nos encanta el sabor, pero tenga en cuenta que el bacalao no tiene un aspecto muy atractivo al rehidratarse, por lo que es mejor emplearlo como ingrediente en otros platos.

CÓMO SALAR UN FILETE DE BACALAO

Las grandes escamas blancas del bacalao hacen que sea perfecto para salar. Puede salar un pescado como el abadejo, pero otros pescados blancos suelen tener las escamas finas, de modo que al rehidratarlos pueden volverse pastosos. Para 1 filete fresco de bacalao, necesitará 400 g de sal.

1 En primer lugar, limpie y seque el pescado. Después cubra con sal una bandeja. Ponga el filete de bacalao y esparza más por encima, hasta que esté cubierto.

2 Con las manos, impregne suavemente la sal en todos los huecos y cubra de forma homogénea todo el bacalao con una capa de sal.

Presione bien toda la sal contra el bacalao y coloque este último en un paño de muselina o de algodón. Envuelva el pescado con una capa doble de tela y sujétela delicadamente con un cordel.

Coloque el pescado recién envuelto sobre una rejilla con una bandeja por debajo. Métalo en la nevera durante 24 horas.

REHIDRATAR EL BACALAO SALADO

Pasadas 24 horas, abra el paquete y aclare con agua fría. Envuelva el pescado de nuevo, ahora con una capa simple de muselina, y póngalo en una fuente. Déjelo reposar 1 semana, dele la vuelta y elimine cualquier líquido. Consérvelo en la nevera hasta 9 meses.

Para rehidratar el bacalao, sumérjalo durante 24 horas en agua fría; cambie el agua un par de veces para eliminar parte del contenido en sal.

El pastel de pescado presenta muchas formas distintas, y esta receta es una interpretación de una versión de bacalao salado. La salsa mornay aporta una textura cremosa rica y un acabado tostado. Nos gusta servirlo con patatas nuevas hervidas, mezcladas con alcaparras y ralladura de limón, y un puré de chirivías.

PARA 4 PERSONAS

PARA EL BACALAO

800 g de bacalao salado (desalado)

1 ramo de hierbas aromáticas (*véase* superior), con tomillo fresco, perejil y hojas laurel (opcional)

500 g de espinacas

50 g de mantequilla, y algo más para el gratinado

75 g de queso parmesano rallado

perejil fresco picado y cebollino para servir

PARA LA SALSA MORNAY

40 g de mantequilla

20 g de harina (normal)

450 ml de leche

75 g de queso gruyere rallado

2 yemas de huevo batidas

2 cucharadas de crema (muy grasa)

sal y pimienta negra recién molida

PASTEL DE BACALAO SALADO

Para preparar la salsa, derrita la mantequilla e incorpore poco a poco la harina, sin dejar de remover, hasta que la mezcla parezca una masa homogénea y reluciente. Después añada la leche por etapas, usando un batidor de huevos para que se mezcle bien. Remueva la mezcla y no añada más leche hasta que la anterior se haya absorbido. Al final tiene que obtener una salsa brillante. Añada el queso gruyere y remueva hasta que se derrita. Retire la salsa de la fuente de calor y añada las yemas de huevo. Para terminar, lleve la salsa a ebullición por última vez y retírela del fuego. Incorpore la crema a la salsa al tiempo que remueve, y aderece con sal y pimienta.

Precaliente el horno a 200 °C, en potencia 6 si es de gas.

Ponga el bacalao salado en una olla, cúbralo de agua y añada el ramillete de hierbas aromáticas. Llévelo a ebullición, baje el fuego y cuézalo durante 5-6 minutos, hasta que el pescado pierda su apariencia opaca y la carne esté blanca. Escúrralo y después descame el pescado con un tenedor, con cuidado de quitar todas las espinas.

Lleve a ebullición una olla grande de agua. Añada las espinacas y escalde durante 5 minutos; después escúrralas y estruje las hojas para que pierdan toda el agua. Derrita la mantequilla en una olla grande, añada las espinacas y cocínelo a fuego bajo durante 5-10 minutos. Cubra con las espinacas una fuente para gratinar previamente untada con mantequilla, ponga el bacalao encima y vierta la salsa mornay. Espolvoree queso parmesano por encima y métalo en el horno hasta que esté tostado y burbujeando.

Aderece con el perejil y el cebollino, y sirva.

MÉTODO 7

ALCAPARRAS SALADAS

Las alcaparras son los capullos florales del alcaparro (*Capparis spinosa*), una planta que crece especialmente bien en condiciones áridas, como en Sicilia, donde las alcaparras se usan en platos como la salsa putanesca. Nosotros las empleamos en muchos platos, desde ensaladas a pizzas, pasando por las *fishcakes* o tortas de pescado. Si no puede encontrar alcaparras frescas, puede usar la misma técnica con semillas de capuchina antes de que maduren, y también con capullos de cebollino, ajo silvestre y bayas de saúco. El sabor picante se va con el simple proceso de curación y, una vez saladas, las alcaparras se conservan cerca de 1 año. Las puede emplear como complemento original en ensaladas, pescados y salsas para pasta.

RECOLECTAR LOS CAPULLOS Y LAS SEMILLAS

Si tiene la suerte de contar con un alcaparro, recoja los capullos florales sin abrir antes de que maduren. De lo contrario, puede usar cualquiera de los siguientes: capullos de cebollino, ajo silvestre, semillas de capuchina e, incluso, bayas de saúco.

Si quiere emplear cebollino o ajo silvestre en vez de alcaparras, recoja los capullos antes de que florezcan. Las semillas de capuchina es mejor recogerlas justo después de que las flores hayan tirado los pétalos, mientras siguen estando firmes y verdes (tienen un tamaño aproximado al de las alcaparras tradicionales). Recoja las bayas de saúco cuando el fruto no haya madurado del todo, y recuerde dejar unas cuantas en la planta para los pájaros.

SALAR LAS ALCAPARRAS

Para transformar los capullos y semillas en alcaparras, póngalos en un tarro adecuado y cúbralos con sal de roca. Déjelo reposar 4-6 horas, luego elimine toda la sal que pueda y guárdelos en un tarro limpio y hermético con un par de granos de pimienta. No se preocupe si no puede quitar toda la sal, ya que los aceites extraídos pueden dejar un pequeño residuo salado que es útil para el proceso de conservación. Si lo desea, puede empapar las alcaparras en agua durante 10 minutos antes de usarlas para reducir parte del contenido en sal.

INTÉNTELO CON HIERBAS

Igual que las alcaparras, también puede curar hierbas para conservarlas. Deben encontrarse

NUESTRO ADEREZO DE HIERBAS SALADO

Este aderezo puede guardarse en la nevera y es muy adecuado para añadirlo directamente a sopas, salsas, guisos o incluso tortillas.

3 cucharadas de zanahoria rallada
3 cucharadas de cebollas tiernas picadas
una selección de hierbas verdes picadas, como cebollino, perejil, perifollo, orégano y ajedrea
sal gruesa

Mezcle la zanahoria, las cebolletas y las hierbas picadas. Ponga la mezcla en la base de un recipiente de cristal y cúbrala con una capa espesa de sal gruesa. Tape el recipiente y métalo en la nevera durante un par de semanas. Escurra el jugo extraído de las hierbas y verduras, y a continuación ponga la mezcla salada en un tarro esterilizado y consérvelo en la nevera.

en estado óptimo: recójalas en ramilletes fáciles de manejar. Meta las hierbas a presión en un recipiente hermético, como un tarro, y añada sal gruesa a su alrededor, llenando todos los huecos. Se conservarán frescas un par de meses en un lugar oscuro y seco. Son perfectas para asados lentos cuando las plantas exteriores están debilitadas por el frío.

Ramitas de hierbas saladas

Los limones en conserva se usan mucho en la cocina del norte de África, especialmente en la marroquí. Añadirlos al arroz o al cuscús en lugar de la sal aportará a sus platos un asombroso aroma a limón.

PARA 1 TARRO GRANDE

1 cucharadita de semillas de cilantro
1 cucharadita de granos de pimienta negra
1 cucharadita de semillas de hinojo
½ rama de canela ligeramente machacada
150 g de sal de roca o marina (no de mesa)
3 hojas de laurel machacadas
9 limones no tratados con cera
2 cucharadas de vinagre de vino blanco

LIMÓN Y HIERBAS EN SAL

Ponga todas las especias enteras y la canela en una sartén pequeña, y caliéntelas un minuto para que liberen los sabores. Colóquelas en un recipiente con la sal y las hojas de laurel machacadas, y mézclelo todo.

Haga 4-5 cortes verticales a los limones atravesando la piel hasta media profundidad en la pulpa. Meta la sal a presión en los cortes y, a continuación, ajuste los limones en un tarro hermético grande. Esparza el resto de la sal sobre los limones para cubrirlos una vez en su sitio.

Empuje firmemente hacia abajo los limones en el tarro y después vierta el vinagre de vino blanco y suficiente agua fría para cubrirlos. Tape el tarro y guárdelo en un lugar fresco.

Los limones estarán listos al cabo de un mes, y se conservarán un par de años con el tarro cerrado. Cada vez que saque uno, asegúrese de que el líquido sigue cubriendo el resto y de que el tarro queda herméticamente cerrado.

3

SECADO AL AIRE LIBRE

INTRODUCCIÓN AL
SECADO AL AIRE LIBRE

El secado al aire libre es uno de los métodos más antiguos de conservar y secar la comida, y está solo a un paso de la salmuera y el curado en seco. En climas calurosos, los alimentos pueden secarse al sol para aumentar su tiempo de conservación. En regiones más frías, el secado al aire resulta un proceso algo más lento, pero puede conseguirse con una buena ventilación. Cierta humedad en el aire no es malo: no se preocupe, evitará que el salami quede demasiado arrugado. Si vive cerca de la costa, una brisa de mar ligera es en realidad algo positivo. Las claves para un secado eficaz son una buena circulación del aire, una temperatura relativamente constante y evitar el contacto directo con la humedad.

EN QUÉ CONSISTE EL SECADO AL AIRE

El secado al aire libre es prácticamente tan simple como suena. Secar carne y pescado requiere más trabajo que la fruta y la verdura, pero el enfoque es similar en todos. La técnica básica consiste en colgar carne curada en el exterior de tal manera que el aire pueda pasar por encima y extraer la humedad, con lo que se impide el crecimiento de bacterias y hongos indeseados.

PRINCIPIOS BÁSICOS

- Cure la carne o el pescado antes de secarlo al aire libre.
- Separe los alimentos que se estén secando para maximizar el flujo de aire.
- Compruebe el producto cada par de semanas y esté atento a la aparición de moho.
- Limpie a fondo el producto que haya secado al aire libre con un cepillo duro y vinagre antes de consumirlo.
- Confíe en su olfato: si algo huele mal, no se arriesgue a comerlo.

EL PROCESO DE CURACIÓN

Antes de ponerse a secar algo al aire libre, es importante planificarse, sobre todo en regiones templadas donde llueve bastante y no hace mucho sol. En tales circunstancias, la carne y el pescado deberían curarse antes de siquiera plantearse secarlos al aire libre. El proceso de curación puede hacerse mediante salmueras (*véanse* págs. 18-21) o un curado en seco con sal (*véanse* págs. 42-45). Querrá colgar el corte de carne sabiendo que ya ha perdido buena parte de la humedad. Los cortes más pequeños, como el beicon, necesitarán menos tiempo que una pata de jamón grande, pero ambos requieren la ayuda de la sal. Una vez que el curado con sal ha hecho su trabajo, elimine esta última frotando el exceso o aclare la salmuera, y seque a palmaditas la pieza.

EL ENVOLTORIO PERFECTO

Lo que envuelve el producto en cuestión es casi tan importante como dónde se seca. La muselina es la opción ideal, ya que es barata, fácil de encontrar y permite que circule el aire. Intente envolverlo en una sola capa, ya que de lo contrario no permitirá que entre el suficiente aire para favorecer la evaporación. Otro material que funciona muy bien es una malla de tela fina, disponible en Internet o en tiendas especializadas de cocina. Use un cordel para sujetar el envoltorio alrededor de la carne o el pescado, y un gancho de carnicero para colgarlos.

De formidables patas de jamón a salamis picantes, el condimento es la clave

SECADO AL AIRE LIBRE 69

un par de horas de esfuerzo = un puñado de chorizos

UN RECIPIENTE DE SECADO

Si no dispone de una dependencia anexa o un cobertizo, puede fabricarse un recipiente de secado. Todo lo que necesita es una malla antimosquitos o un material de trama fina para los laterales y la parte inferior de la caja, una cubierta de madera o una tapa metálica de un cubo de basura para desviar el agua de la lluvia, y un gancho fuerte para colgar el recipiente de algún alero de la casa o de la rama de un árbol. Intente hacerla lo bastante grande como para que ninguna de las partes del producto entre en contacto con los laterales o con la parte inferior de la caja. Lo que se pretende es que el producto esté realmente suspendido en el interior. Otra opción es tratar de adaptar una antigua quesera o construir un jaula de malla metálica. El aspecto más importante es asegurarse de que pueda circular el aire, pero no los insectos u otros animales.

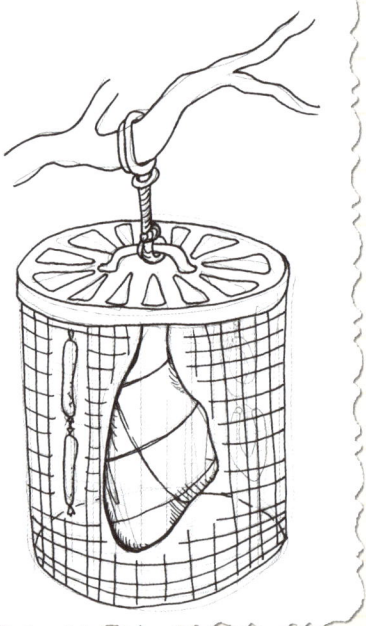

LUGARES PARA COLGAR

El secreto para un buen secado al aire libre es colocar el producto envuelto en un lugar adecuado donde pueda estar colgando durante bastante tiempo (de 2 a 24 meses). Debe reunir los siguientes requisitos:

- Ser lo suficientemente alto para que no lleguen los animales ni los niños.
- No estorbar: no querrá darse golpes en la cabeza.
- Estar a cubierto, protegido de la lluvia.
- Estar en un lugar abierto con buena circulación de aire.
- Idealmente, estar en un lugar atravesado por una corriente de aire.
- No estar expuesto a la luz directa del sol.
- No estar totalmente a oscuras.
- Si es posible, estar en una zona donde pueda mantenerse una temperatura relativamente constante.

¿CUÁNTO TIEMPO TARDA?

Cuanto más tiempo seque el producto al aire libre, más tiempo se conservará y más intenso será el sabor.

PRODUCTO	TIEMPO DE SECADO
Jamón secado al aire	4-18 meses
Mojama (lomo de atún)	1 mes
Bresaola (carne de vacuno)	3 semanas
Cecina	2 semanas
Carne de ovino	1 mes
Salami	1-2 meses

LA ALTERNATIVA MECÁNICA

Una manera más controlada de secar al aire en el interior es comprar un deshidratador o secador de alimentos eléctrico. Ambos aparatos acelerarán el proceso natural de extracción de humedad. El hecho de que estén controlados permite predecir cuándo van a estar listos los alimentos, lo que es una gran ventaja comparado con dejar el secado al flujo natural del aire.

Estos aparatos crean el ambiente perfecto para el secado. Con ventilación interna y la posibilidad de regular la temperatura, son estupendos para la carne y la verdura. El inconveniente es que no son baratos. Una manera de improvisar uno es con un armario antiguo, instalando unos estantes de rejilla y poniendo un ventilador eléctrico en la parte inferior. Abra algunos agujeros en la parte superior, del tamaño de un tapón de corcho, y controle el flujo de aire añadiendo o quitando corchos para limitarlo o aumentarlo.

MÉTODO 8

JAMÓN SECADO AL AIRE

Disfrútelo con virutas de parmesano

El auténtico jamón de Parma es uno de los productos más famosos de Italia. Cada año elaboramos nuestra propia versión usando este sencillo método. Siga detenidamente las instrucciones y utilice los ingredientes que se especifican para evitar que se le estropee la carne. Sirve cualquier corte, y una pata entera es algo sensacional, pero a nosotros nos gusta curar una pierna con hueso para comer todos los días. También puede plantearse empezar por algo más pequeño, como un trozo de beicon o una carrillada. Así tendrá la oportunidad de alterar los sabores de la mezcla para el curado.

PREPARAR LA MEZCLA PARA EL CURADO

Compre más sal de la que piense que va a necesitar, ya que tendrá que añadir más durante el proceso para remplazar el subproducto de salobre extraído del jamón. Nosotros usamos sal de mesa sencilla por ser barata y actuar deprisa. Vierta su solución de curado condimentada en un recipiente de plástico grande, a ser posible con tapa, con agujeros perforados en la parte inferior de modo que la salmuera líquida pueda ir goteando.

CURAR EL JAMÓN

Ponga la carne en el recipiente y frote el curado uniformemente con las manos. Aplíquelo por toda la piel del cerdo, asegurándose de incluir todos los pequeños pliegues y grietas. Después cubra por completo el cerdo con el curado. Coloque el recipiente sobre una bandeja de plástico grande y déjelo en algún lugar fresco durante al menos 10 días (en la nevera si tuviera espacio). Compruebe el recipiente cada dos días y retire la salmuera que se haya formado. Esta puede producirse cuando el agua extraída de la carne se mezcla con la sal. Cuando esto suceda, reemplácela con más sal y frote de nuevo el curado en la carne.

PREPARAR EL SECADO

Tras 16 días de curado, saque la carne y desprenda con un cepillo toda la mezcla de curado, empleando para ello un cepillo duro y una cantidad generosa de vinagre de sidra. Envuelva el jamón en un trozo grande y limpio de muselina o paño de algodón y sujételo firmemente con cordel.

COLGAR EL JAMÓN

Ahora cuelgue la carne fuera, en un lugar seco pero bien ventilado. Invertir en unos ganchos de carnicero merece la pena. Deje el jamón colgado bajo un cobertizo o un alero durante al menos 18 semanas: cuanto más tiempo lo deje, más intenso será el sabor y más seca estará la carne. Recuerde que cuando baje el jamón y empiece a comérselo, el proceso habrá terminado y no podrá volver a colgarlo de nuevo.

PARA TERMINAR

Tras al menos 18 semanas colgado, retire la muselina del jamón y elimine, frotando, el moho que pudiera haber en la superficie con vinagre de sidra. A continuación, desprenda la grasa amarilla y parte del exceso de grasa blanca. Séquelo a palmaditas con papel de cocina o con un trapo de cocina limpio.

SERVIRLO

Utilice un cuchillo afilado para cortar el jamón en lonchas finas. Retire la corteza y el tocino, y consérvelo para «sellar» el jamón cuando haya terminado. Corte desde la pezuña. Restriegue la grasa por las partes expuestas y cúbralas con un trapo al finalizar. Consérvelo a temperatura ambiente. Puede comprar un jamonero de madera para cortarlo.

MOJAMA

La mojama es un lomo de atún grueso secado al aire (tradicionalmente durante al menos un mes) en las calurosas y ventosas costas del levante y sur español. El secado reduce el peso a la mitad, y el resultado es una delicia de intenso sabor que se conserva durante varias semanas en la nevera. Para elaborar mojama, cure una sección de un lomo de atún en la mezcla de sal/azúcar durante 2 días y después séquela al aire durante 3-4 semanas.

UN CURADO CONDIMENTADO PARA EL JAMÓN SECADO AL AIRE

Para cada 6 kg de pata de cerdo

3 guindillas secas
5 dientes de ajo
un puñado grande de tomillo fresco
4 anises estrellados
1 cucharada de semillas de cilantro
1 cucharada de semillas de comino
12 clavos
un puñado de granos de pimienta negra
3 kg de sal
1 kg de azúcar

Desmenuce las guindillas en un mortero con el ajo, las hierbas y las especias, y muélalo hasta conseguir un polvo grueso. A continuación, mézclelo bien con la sal y el azúcar.

BRESAOLA

La bresaola se obtiene a partir de un único músculo de carne de vacuno. Prepare la carne desprendiendo toda la grasa y los nervios, dejando la membrana plateada que atraviesa el centro de la pieza. Haga un curado seco con 100 g de sal y 100 g de azúcar. Añada las hierbas y especias requeridas (el romero va muy bien con un buen puñado de granos de pimienta negra), y métalo en una bolsa de congelación sellada. Dele cada día la vuelta y déjelo en la nevera durante una semana. Pasado ese tiempo, limpie la carne y repita el proceso de curación. Vuelva a sellarlo y déjelo otra semana más. Utilice papel de cocina para desprender el curado y cuelgue la carne, envuelta en una muselina. Pasadas 3 semanas, debería haber perdido un tercio de su peso original y estar lista para cortarla en lonchas finas y disfrutarla con aceite de oliva.

El jamón secado al aire aporta el nivel de sal necesario para liberar los sabores del pescado. Las lonchas de rape envueltas en jamón ofrecen un aspecto formidable, así que anímese a intentarlo: no quedará decepcionado.

PARA 4 PERSONAS

2 lomos de rape, de unos 150 g cada uno y de 5 cm de diámetro

4 lonchas grandes de jamón secado al aire

8 hojas de salvia

sal y pimienta negra recién molida

250 g de judías verdes, lavadas y cortadas

1 cucharada de aceite de oliva virgen extra

2 cucharadas de tomate cortado en dados

1 cucharada de zumo de limón

la ralladura de 1 limón

RAPE ASADO CON SALVIA ENVUELTO EN JAMÓN SECADO AL AIRE

Precaliente el horno a 180 °C, en potencia 4 si es de gas. Desprenda del rape cualquier parte de carne oscura.

Disponga 2 lonchas de jamón secado al aire lado a lado sobre la superficie de trabajo y ponga en el centro una fila de 4 hojas de salvia (eliminando los tallos leñosos). Coloque un lomo de rape encima y aderécelo con un poco de pimienta negra. Doble un extremo del jamón sobre el pescado y remételo, después enrolle con cuidado el otro extremo y sujételos con un par de palillos de cóctel o normales.

Ponga el pescado en una bandeja de asar con las hojas de salvia encima; haga lo mismo con el segundo lomo. Meta la bandeja en el horno y ase el rape durante 8 minutos. Cuando esté listo, debería ser firme al tacto.

Mientras tanto, lleve a ebullición una olla grande de agua salada y escalde las judías verdes durante 1 minuto aproximadamente. Escúrralas, devuélvalas a la olla y mézclelas con el aceite de oliva y el tomate. Añada el zumo de limón y aderece con sal y pimienta. No cocine las judías más de la cuenta, ya que queremos que su textura se complemente con la firmeza del pescado.

Saque el rape del horno y déjelo reposar por lo menos 3 minutos en un lugar cálido. A continuación, córtelo en lonchas y sírvalo con las judías, aderezado con un poco de ralladura de limón.

En numerosos lugares de España es habitual ver croquetas de jamón servidas a modo de tapa, un aperitivo que se ofrece como cortesía al pedir una bebida. En esta receta, un poquito de su preciado jamón secado al aire dará mucho de sí. A nosotros nos gusta acompañar estas croquetas con una salsa verde y una ensalada mixta.

PARA 4 PERSONAS

PARA EL RELLENO

75 g de mantequilla

3 cucharadas colmadas de harina

200 ml de leche

75 g de queso rallado

½ cucharadita de mostaza de Dijon

1 cucharadita de salsa Worcester

2 cucharadas de jamón secado al aire finamente picado

aceite vegetal para freír

PARA EL REBOZADO

2 cucharadas de harina

1 huevo batido

50 g de pan rallado

50 g de harina de avena fina

CROQUETAS DE JAMÓN Y QUESO

Para preparar el relleno, derrita la mantequilla en una olla a fuego bajo y añada la harina, removiendo sin parar. Cocine durante 2 minutos, sin dejar de remover; retire del fuego y añada poco a poco la leche, mezclando constantemente para evitar que se formen grumos. Vuelva a poner la olla en el fuego y cocine durante unos 10 minutos para asegurarse de que la harina se ha cocido de forma correcta.

Añada el queso, la mostaza y la salsa Worcester, y remueva hasta que el queso se haya derretido. Retire del fuego y eche el jamón picado sin parar de remover hasta que se haya distribuido de manera uniforme. Traspase la mezcla a un recipiente, extienda una capa de película por encima y deje que se enfríe antes de meterla en la nevera.

Cuando la mezcla esté completamente fría y firme, puede empezar a preparar las croquetas. En primer lugar, para el rebozado disponga 3 recipientes poco profundos en línea; ponga la harina en el primero, el huevo batido en el segundo, y el pan rallado y la harina de avena mezclados en el tercero.

Forme 8 croquetas ovaladas con la mezcla del jamón y el queso. Páselas por la harina hasta que estén bien cubiertas y sacúdalas con unos golpecitos. A continuación, báñelas en el huevo, dejando que goteen. Por último, páselas por el pan rallado y déjelas a un lado en un plato.

Caliente el aceite a 180 °C en una freidora profunda o en una sartén grande. Añada solo un par de croquetas a la vez para que el aceite no se enfríe, y fríalas hasta que estén doradas.

Sirva las croquetas con una ensalada mixta.

Este atún curado y secado al aire está delicioso con olivas y una cerveza. Los aceites de las almendras tostadas potencian realmente su sabor, y no podemos pensar en otro alimento que combine mejor con la intensidad de sabores de este lomo de atún.

PARA 4 PERSONAS

100 g de mojama
aceite de oliva virgen extra
40 g de almendras enteras
sal marina

MOJAMA CON ALMENDRAS

Corte el atún en lonchas muy finas, casi transparentes, y póngalas en un plato con un borde elevado. Empápelas con aceite de oliva (lo suficiente para cubrir por completo el atún) y déjelo marinar como mínimo una hora.

Mientras tanto, tueste las almendras en una sartén seca hasta que empiece a sentir el olor.

Distribuya la mojama en una fuente y esparza las almendras tostadas y la sal marina. Sírvalas con aceitunas y pan crujiente.

Un poquito cunde mucho

MÉTODO 9

CARNE DE OVINO SECADA AL AIRE

Se tiende a pensar que la charcutería es una especialidad mediterránea que va de la mano con antiguos olivares y abundantes viñedos. Pero en los climas más fríos también hay una rica tradición de curar y ahumar en casa, heredada de años de experiencia. El polo opuesto a la imagen que evoca un clásico como el jamón de Parma es la carne de ovino secada al aire. Es una especialidad famosa en ciertas partes de Escocia, donde las patas de oveja se curaban en salmuera y después se secaban sobre humeantes fuegos de turba. Una vez elaborada, pruebe a sustituir el jamón secado al aire de cualquier receta por carne de ovino: el sabor es ligeramente distinto, pero igual de delicioso.

UNA SALMUERA CONDIMENTADA PARA LA CARNE DE OVINO

Para 1 pata de oveja

- 2 kg de sal
- 8 litros de agua
- 2 hojas de laurel
- 1 anís estrellado
- 1 cucharadita jengibre picado
- 1 cucharada de granos de pimienta rosa
- 1 cucharada de semillas de cilantro

Prepare una solución de salmuera con sal de mesa normal y agua hasta que se disuelva (*véase* pág. 18 para más detalles). ¡Sabrá que está lo suficientemente salada cuando flote una patata en ella! Añada las hierbas y las especias.

CURAR LA CARNE DE OVINO

Coloque la carne en un recipiente de plástico grande y añada la salmuera condimentada. Tape el recipiente y déjelo durante una semana, asegurándose de que la carne permanece bien sumergida (una maceta de barro

funciona de maravilla para evitar que flote). Tras 7 días en la solución de curado, vacíe el líquido, reemplácelo con salmuera fresca y espere otras 2 semanas.

SECAR Y TERMINAR

Saque la carne de la salmuera. Séquela a golpecitos con papel de cocina, después envuélvala en muselina o paño de algodón, atándola con un cordel (*inferior*). Cuelgue la pata en un lugar protegido pero bien ventilado durante 8-16 semanas más. Después retire la muselina y limpie la carne con vinagre de sidra y un cepillo duro antes de trincharla.

SERVIR LA CARNE

El secado al aire concentra los sabores y afirma la carne. Cuando la cortamos muy fina contra la veta, ya no importa cómo de dura fuera antes de curarla y secarla: ahora será fácil de masticar.

Comparada con una ración normal de carne, la carne secada al aire debe consumirse con moderación debido a su alto contenido en sal y a la riqueza de su sabor. Sirva un poco de carne de ovino secada al aire a modo de entremés, o pruebe a comerla con pan y un *chutney* dulce como tentempié.

INTÉNTELO CON CABRA

Si quiere cambiar, ¿por qué no prueba a secar al aire carne de cabra? Es buena y magra, por lo que resulta muy adecuada para curar y especialmente para secar al aire. Siga el mismo método que para la carne de oveja, o pruebe primero a secarla al aire a modo de tiras finas de carne seca (*véanse* págs. 94-95) durante una semana.

Cuando envuelva la pata de oveja en muselina, cúbrala completamente en una única capa. Así estará protegida de los insectos, pero el aire podrá circular.

Ate firmemente la muselina con un cordel. Es importante asegurarse de que este no se mueva durante los meses de secado.

La mayoría de los buenos carniceros le podrá proporcionar carne de ovino para secar al aire, pero puede que tenga que esperar un tiempo para conseguir un trozo de buena calidad.

PARA 4 PERSONAS

500 g de pescuezo de cordero entero
6 lonchas de carne de ovino secada al aire

PARA EL CALDO DE VERDURAS
aceite de oliva
1 cebolla grande picada
2 zanahorias cortadas finamente en dados
2-3 patatas grandes cortadas en dados de 1 cm
250 g de cebada perlada
un ramo grande de tomillo fresco
1,2 litros de caldo de pollo

PARA LA MARINADA
1 cucharada de menta fresca picada
1 cucharadita de hojas de tomillo frescas
la ralladura y el zumo de 1 limón
2 dientes de ajo finamente picados
125 ml de vino blanco
1 cucharada de aceite de oliva
una pizca de sal y pimienta negra recién molida

PARA LA GUARNICIÓN
1-2 lonchas de carne de ovino secada al aire
1 cucharadita de menta picada

CORDERO ENVUELTO EN CARNE DE OVINO SECADA AL AIRE CON CALDO DE VERDURAS

Ponga el filete de cordero en un recipiente y añada los ingredientes de la marinada. Cúbralo con una película, métalo en la nevera y déjelo marinar tanto tiempo como pueda: 3-4 horas es lo ideal, pero si anda justo de tiempo, simplemente frote la marinada en la carne.

Para preparar el caldo, caliente un poco de aceite en una olla, añada las verduras y cuézalo durante 5 minutos. Añada la cebada perlada y el tomillo, remueva y añada el caldo de pollo. Una vez que empiece a hervir, cuézalo a fuego lento durante 30-40 minutos, o hasta que la cebada esté tierna.

Precaliente el horno a 240 °C, en potencia 9 si es de gas. Cuando esté listo para cocinar el cordero, sáquelo del recipiente, reservando la marinada. Enróllelo con las lonchas de la carne de ovino, sujetándolas con palillos si fuera necesario. Ponga el filete enrollado en una bandeja de asar antiadherente y utilice un pincel para pintar la carne de ovino con la marinada sobrante. Cocínelo en el horno durante 6-8 minutos, sáquelo, cúbralo con papel de aluminio y déjelo reposar durante 3-4 minutos. Cuando el cordero y el caldo estén listos, prepare la guarnición. Corte la carne de ovino en tiras finas y caliéntelas en una sartén seca. Corte el cordero en rodajas de igual tamaño y sírvalo sobre un cucharón de caldo, en recipientes de boca ancha. Aderece con la carne de ovino frita y la menta picada.

MÉTODO 10

SALAMI

Las salchichas son un medio inestimable de procesar grandes cantidades de carne de menor calidad, aunque caducan rápido a no ser que se congelen. ¿La solución? Curar la carne y hacer salami secado al aire en su lugar. La ventaja número uno de hacer salami es que dura meses y se conserva fresco debido al proceso de curación. Además, es delicioso. Originalmente, se hacía solo con cerdo, pero también se pueden usar otros tipos de carne, como la de vacuno. A nosotros nos gusta usar un corte de cerdo bastante graso, como la paletilla, pero cualquier otra parte sirve. La adición de grasa de cerdo curada es esencial; puede curarla usted mismo (*véanse* págs. 46-47) o comprarla ya curada. Dado que se curará a una velocidad distinta que el cerdo fresco en el resto del salami, el proceso de curación parte con ventaja, y el producto resultante será excelente.

PREPARAR LA CARNE

Si tiene una picadora, empiece cortando el cerdo en dados de 2,5 cm (un tamaño ajustado al embudo de la picadora). Si no, no se preocupe, simplemente compre el cerdo picado en la carnicería del barrio. Empezamos a hacer salchichas hace años, mucho antes incluso de tener cerdos, y usábamos un aparato tradicional que funcionaba a mano. Era un trabajo francamente duro, y ahora nos hemos modernizado con una picadora eléctrica, que vuelve todo el proceso muy rápido y fácil.

Además de cortar en dados la carne de cerdo, debe hacer lo mismo con la grasa, en dados de 1 cm. Esto no solo aportará la característica textura y aspecto jaspeado a las rodajas de salami, sino que también favorecerá el proceso de curación. Pero no pase la grasa de cerdo por la picadora: échala en el recipiente en daditos firmes.

CONDIMENTAR

Añadir hierbas y especias al salami es, sin duda, el punto creativo. Utilice hierbas que sean aromáticas y una pimienta o especia fuertes, que destaquen de la carne salada. Hay muchos y distintos estilos de salami (nuestros preferidos aparecen en la página 86), pero puede probar muchos más una vez que adquiera confianza.

- Alemán: las bayas de enebro y mucha pimienta negra lo convierten en el salami perfecto para una comida rústica, servida con pan y cerveza.
- Salchichón al ajo: añadir grandes cantidades de ajo a la mezcla da como resultado un salami intenso que puede destacar entre un surtido de sabores en guisos, rellenos y fuentes mixtas.
- Longaniza: embutido muy especiado que ofrece sabores muy distintos en función de las especias empleadas en su elaboración, así como de su proceso de curación. En España existen muchos tipos y puede consumirse fresca (ya curada) o cocinada a la brasa, a la plancha o en guisos y rellenos.

PREPARAR LA MEZCLA PARA EL CURADO

La diferencia que presenta el salami es que el curado se mezcla con la carne en vez de aplicarlo por fuera. Use al menos el 2 % del peso de la carne en sal y mézclelo bien. La sal debe penetrar en todo el cerdo, y es aquí donde el salami sale bien o mal. La sal de mesa es la opción más económica, pero puede usar otros tipos.

PREPARAR EL RELLENO DE LAS TRIPAS

Nuestra máquina de salchichas vale su peso en oro. Cada año elaboramos una gran variedad de salchichas y salamis, y siempre nos salen deliciosos. El proceso de elaboración es también muy divertido. Es difícil no disfrutar del cambio de la carne picada condimentada a una salchicha uniforme. Que no le frene no tener una máquina de hacer salchichas: pruebe a usar un embudo grande y una espátula para forzar el picado a través del agujero y hacia el interior de la tripa.

Utilizamos tripas naturales porque consideramos que son mejores. Están respaldadas por miles de años de tradición, reutilizan un producto residual de las industrias cárnicas y la piel de un intestino respira mejor que una envoltura artificial, lo que permite que el aroma de los ahumados o los ingredientes de cocina penetren en el salami y le aporten sabor.

RELLENAR LAS TRIPAS

Mantenga las tripas húmedas, en un recipiente con agua, y mójelas conforme las ponga en el embudo. Tendrá que usar los dedos pulgar e índice para estirar toda la tripa a lo largo del embudo. Deje que sobresalgan un par de centímetros para poder expulsar las posibles burbujas de aire. Mientras aprieta con una mano el extremo de la tripa y la va rellenando con la mezcla de salami, utilice la otra para ir dándole la forma de la salchicha.

Cuando obtenga la longitud deseada (por lo general 20-30 cm), pare, pellizque el lugar donde quiere cerrar la tripa y gire la salchicha. Utilice un cordel para hacer un nudo y reanude el proceso hasta terminar toda la mezcla de salami.

COLGAR EL SALAMI

Utilice un cuchillo afilado para separar los salamis una vez que los haya anudado. Cuélguelos en un lugar cubierto y bien ventilado, y déjelos ahí un mes. Durante este tiempo el salami fermenta, y es debido a esto por lo que tiene tantos beneficios naturales para la salud. Por ejemplo, contiene bacterias del ácido láctico, que ayudan a mantener sano el sistema digestivo.

PARA TERMINAR

Si hubiera algo de moho blanco en el salami, límpielo con una solución de agua y vinagre y un trozo de muselina. Entonces ya estará listo para cortar y servir.

CÓMO PREPARAR SALAMI

UN TRÍO DE SALAMIS

Cada salami contiene la misma proporción de carne, grasa y sal. Añada su selección de hierbas y especias a la receta básica, o prepare el clásico chorizo o *pepperoni*. Siga las instrucciones que aquí ofrecemos para prepararlo.

Para 15-20 salamis

Salami básico

4 kg de cerdo
1 kg de grasa de cerdo curada
100 g de sal (p.ej., 2% del peso total de la carne y la grasa)
condimentos (opcional)

Condimentos para el chorizo

2 cucharadas de semillas de hinojo
2 cucharadas de paprika ahumada
8 dientes de ajo finamente picados
100 ml de vino tinto

Condimentos para el pepperoni

25 g de azúcar
2 cucharadas de pimienta de Cayena
2 cucharadas de paprika
1 cucharada de semillas de hinojo machacadas
2 dientes de ajo finamente machacados

El *pepperoni* es una mezcla de carne de cerdo y vaca. En vez de 4 kg de cerdo, use 3 kg de cerdo y 1 kg de carne magra de vaca.

Empiece cortando la carne de cerdo en dados de 2,5 cm. Después corte la grasa de cerdo en dados de 1 cm. Puede utilizar una picadora para la carne, pero corte la grasa a mano.

Pellizque el lugar donde quiere anudar la tripa y gire la salchicha. Use cordel para hacer el nudo.

Ponga la carne y la grasa de cerdo en dados en un cuenco grande, y añada la sal y los condimentos elegidos a la mezcla.

Humedezca la tripa e insértela en el embudo. A continuación, rellene la tripa con la mezcla de salami, usando la mano para guiar de modo uniforme la forma de la salchicha.

Repita los pasos 3 y 4 hasta que haya gastado toda la mezcla o se haya quedado sin tripa.

Cuelgue el salami en un cobertizo bien ventilado y déjelo ahí durante un mes.

Las variedades de pizza son innumerables, pero sin duda una de las mejores es la sencilla pizza de salami. Para conseguir una base crujiente, lo ideal es disponer de una piedra para hornear pizza o una bandeja especial, pero si no tiene, no se preocupe: las pizzas salen igual de sabrosas en una bandeja de horno.

PARA 2 PIZZAS DE UNOS 30 CM DE DIÁMETRO

PARA LA MASA
7 g de levadura seca
½ cucharadita de azúcar
200 ml de agua templada
300 g de harina
1 cucharadita de sal

PARA LA SALSA DE TOMATE
aceite de oliva virgen extra para freír
1 cebolla cortada en dados finos
2 dientes de ajo machacados
400 g de tomate en lata
10 tomates secos, finamente picados
sal y pimienta negra recién molida

PARA LA COBERTURA
lonchas de salami
20 olivas negras
queso rallado

PIZZA DE SALAMI

Mezcle la levadura, el azúcar y el agua en un recipiente y deje reposar 10 minutos.

Tamice la harina y la sal en un bol grande. Añada la mezcla de levadura y remueva todo bien. Enharine la superficie de trabajo y amase la mezcla durante 5 minutos. Métala en un recipiente engrasado y cúbrala con una película, sin estirar demasiado. Déjelo en un lugar templado durante 1 hora para que suba la masa.

Para preparar la salsa de tomate, caliente un poco de aceite de oliva virgen extra en una olla y añada las cebollas y el ajo. Cocine hasta que se ablande y después añada el tomate de lata y los tomates secos. Deje que cueza a fuego lento durante 20 minutos más. Pase la salsa por un colador y sazónela con sal y pimienta. Déjela a un lado.

Cuando la masa haya subido, precaliente el horno a 200 °C, en potencia 6 si es de gas. Divida la masa por la mitad, enharine la superficie de trabajo y estire cada mitad en un círculo de al menos 30 cm de diámetro. Extienda la salsa de tomate en cada masa y, a continuación, esparza el salami, las olivas negras y un poco de queso rallado. Hornee la pizza durante 15 minutos o hasta que la base esté crujiente.

Hay momentos ideales para un aperitivo de carne dulce y picante, y en esas ocasiones servimos a menudo uno de nuestros chorizos secados al aire. Es un buen aperitivo antes de la cena y, además, está estupendo con un vaso de vino. Esta receta rápida es una versión de una tradicional tapa española, y una de las mejores cosas es que se prepara en tan solo unos minutos.

PARA 4 PERSONAS

1 chorizo grande
3 dientes de ajo pelados
1 cucharada generosa de miel
25 ml de vinagre de vino tinto
25 ml de vino tinto (opcional)
pan recién cortado para acompañar

TAPA DE CHORIZO CON MIEL, VINO Y AJO

Corte el chorizo en rodajas de 1 cm y póngalas en una sartén caliente antiadherente. Distribúyalas de modo que no se superpongan y déjelas crepitar a fuego alto hasta que empiecen a soltar el aceite rojizo.

Añada los dientes de ajo a la sartén y dé la vuelta a las rodajas de chorizo. Cuando estén todas dadas la vuelta y hayan empezado a dorarse y caramelizarse, añada la miel y el vinagre de vino tinto. Si lo desea, añada también el vino para suavizar la acidez del vinagre. Siga moviendo el chorizo para que la salsa no se queme. Retírelo del fuego cuando esta última empiece a espesarse y se vuelva pegajosa.

Sírvalo caliente con trozos de pan recién cortado.

Este reconfortante guiso de invierno es uno de los platos preferidos de toda la familia. La carne de vaca o de buey (morcillo) se vuelve increíblemente suculenta tras una cocción lenta y prolongada, y los aromas del chorizo impregnan los jugos, de forma que no se necesita ningún condimento adicional. Solemos cocinar este plato en cocina de leña, pero puede usar una olla de cocción lenta si tiene una. Este estofado de carne está delicioso acompañado de judías verdes.

PARA 4 PERSONAS

1,5 kg de morcillo
300 g de chorizo
5-6 cucharadas de aceite de oliva virgen extra
3 cebollas cortadas en rodajas
4 dientes de ajo cortados en rodajas
2 cucharaditas de semillas de hinojo
2 ramitas de romero fresco

3 cucharadas de harina
1 botella de vino tinto
sal y pimienta recién molida

PARA LAS BOLAS DE MASA
100 g de harina con levadura incorporada
50 g de sebo
½ cucharada de tomillo fresco picado
sal y pimienta negra recién molida
unas tres cucharadas de agua

CARNE DE VACUNO Y CHORIZO CON BOLITAS DE MASA

Corte la carne en dados de 2-3 cm. Corte el chorizo en rodajas de 1,5 cm.

Caliente el aceite en una cazuela hasta que esté muy caliente. Añada los trozos de carne y deje que se doren en el aceite; no los remueva demasiado, ya que lo que queremos es sellar la carne, y removiéndola impediremos que esto ocurra. Cuando se hayan dorado un poco, añada las cebollas y el ajo, y remueva para rescatar la carne del fondo de la cazuela. Deje cocer durante 3-4 minutos, después añada el chorizo, las semillas de hinojo y las ramitas de romero, y vuelva a cocer durante 2-3 minutos más, removiendo de vez en cuando.

Espolvoree la harina en la cazuela y remueva hasta que todo quede cubierto. Deje cocer un par de minutos y añada poco a poco el vino, removiendo sin parar. El líquido no debe cubrir completamente la carne a estas alturas. Tápelo y deje cocer a fuego medio durante al menos 2 horas (si lo puede dejar más, mejor), removiendo de vez en cuando y, si fuera necesario, añadiendo algo de caldo o agua. Para cuando hayan terminado de cocerse, los trozos de carne serán más pequeños, y el caldo debería cubrirlos por completo.

Para preparar las bolas, mezcle los ingredientes secos en un recipiente. Añada lentamente el agua hasta que pueda formar con la mezcla 4 albóndigas ovaladas; no deberían ser muy pegajosas. Póngalas sobre el caldo durante los últimos 30 minutos de cocción.

MÉTODO 11

CECINA

Los trozos de carne seca y aspecto nudoso están mucho más ricos de lo que aparentan. La cecina seca es simplemente carne condimentada cortada en tiras y secada. Es un tentempié ideal para una salida a pescar o un paseo de mediodía por el campo. También es perfecta para un pícnic o un picoteo. Suele hacerse con carne de vacuno, pero también puede elaborarse usando el mismo método con otras carnes rojas, como cabra, cordero o venado.

Un aperitivo divertido y picante

PREPARAR LA CECINA

Los mejores cortes de vacuno son el redondo, la falda y la cadera. Puede colgar la carne durante 4 días en un espacio exterior bien ventilado o, una opción más rápida, secarla en un horno con ventilador incorporado a 50 °C con la puerta ligeramente abierta para liberar la humedad. Ponga una rejilla en el nivel superior del horno y cuelgue las tiras de carne entre las barras, con palillos. No olvide poner un trozo grande de papel de aluminio debajo para recoger las gotas que caigan. La cecina estará lista para comer cuando esté flexible pero no quebradiza. Para que se conserve fresca, métala en un antiguo sobre limpio de tabaco de liar o en una bolsa sellada.

SERVIR LA CECINA

Sirva la cecina con una salsa de tabasco. Para prepararla, mezcle 2 cucharadas de tabasco o salsa de chiles, 1 cucharada de miel, 1 cucharada de vinagre de vino blanco y 2 dientes de ajo en una olla pequeña a fuego bajo hasta que el vinagre se reduzca y la salsa empiece a espesarse. Saque el ajo antes de servirla.

UNA MARINADA PARA LA CECINA

Para 1 kg de carne de falda

1 cucharada de miel
250 ml de salsa de soja
250 ml de salsa Worcester
una pizca de pimienta de Cayena
1 cucharadita de semillas molidas de cilantro
4 dientes de ajo machacados
2 cucharadas de pimienta negra recién molida

CÓMO PREPARAR CECINA

1

Tome un filete de 1 kg y desprenda toda la grasa, ya que no se secará bien. Después congele la carne hasta que se empiecen a formar cristales de hielo: de esta manera, será mucho más fácil cortarla en lonchas finas.

2

Después, empiece con la marinada. Mezcle todos los ingredientes en un cuenco y déjelo a un lado.

3

Corte la carne en lonchas finas. Mézclela con la marinada y vierta todo en un recipiente con tapa o en una bolsa de plástico. Selle el recipiente, métalo en la nevera durante 2 días y dele la vuelta de vez en cuando.

4

Saque la carne de la marinada y séquela a palmaditas con papel de cocina. Después séquela en un horno con ventilador a 50 °C con la puerta ligeramente abierta. La carne puede estar seca en solo 4 horas.

4

AHUMADO EN CALIENTE

INTRODUCCIÓN AL
AHUMADO EN CALIENTE

El ahumado en caliente cura alimentos para un consumo inmediato, aunque se puede prolongar su vida útil envasándolos al vacío o congelándolos. Muchos alimentos ahumados en caliente, como el pollo, el pato y el salmón, constituyen fantásticos platos fríos o ensaladas, aunque en general este tipo de productos están mejor si se consumen recién hechos. Dos factores intervienen en el ahumado en caliente de los alimentos: la clave está en el nombre.

EN QUÉ CONSISTE EL AHUMADO EN CALIENTE

La carne curada se cocina y se aromatiza al exponerla al humo caliente de la madera. Los distintos tipos de madera presentan sus propios y característicos aromas, desde el suave y delicado al denso y amargo. El ahumado en caliente seca la superficie de la carne, por lo que el humo no penetra completamente en ella.

PRINCIPIOS BÁSICOS
- Use la carne o el pescado más fresco que encuentre.
- Cure la carne o el pescado antes de ahumarlos.
- Cuanto más baja sea la temperatura del humo, mejor será su dispersión, y cuanto más largo sea el tiempo de ahumado, mejor será el sabor.
- Cuanto más alta sea la temperatura del humo, menor será el tiempo de ahumado y menor, también, la vida útil del producto.
- No prepare ahumados a temperaturas de entre 25 y 60 °C, ya que los microbios pueden crecer hasta niveles potencialmente peligrosos.
- Al margen de las temperaturas de riesgo, no se preocupe por la temperatura exacta: la carne, por lo general, se ahúma en caliente a entre 95 y 120 °C, pero como se trata de una cuestión de gusto personal, el consejo de cada persona suele ser algo distinto. Sin embargo, cocinar a una temperatura muy alta modificará el aspecto, el gusto y la textura de la carne.
- No se apresure con el ahumado o de lo contrario perderá el aroma.
- No emplee carbón impregnado con productos químicos para encender el ahumadero.

CONTROLAR LA TEMPERATURA

La carne se cocina realmente en los gases calientes que emanan de la fuente de calor, que puede ser gas, electricidad, carbón (por lo general en una combinación barbacoa/ahumadero) o incluso un fuego al aire libre. Las temperaturas de cocción suelen ser más bajas que las empleadas en un horno convencional, lo que garantiza que el ahumado en caliente sea siempre un proceso de cocción lento y, por tanto, el aroma de la madera impregne la carne. Esta forma de cocinar se conoce como «baja y lenta». Cocinar a estas bajas temperaturas (95-120 °C) implica que la comida tardará algo más en cocinarse, de ahí que sea «lenta». De hecho, la cocción puede llevar de 2 a 24 horas, pero una de las ventajas de la cocina lenta es que los cortes de carne baratos pueden convertirse en platos tiernos y suculentos. Utilice un termómetro apropiado para comprobar que el ahumadero está a la temperatura deseada.

EL HUMO

Hay que calentar la madera empleada para crear el característico sabor ahumado de forma progresiva para conseguir una combustión sin llamas.

La combinación de calor y humo es fundamental

Las ostras ahumadas están deliciosas

Generalmente, todo el proceso de ahumado en caliente se hace en una cámara cerrada para que, durante esta cocción lenta, los alimentos se sequen lo mínimo posible. Dicho esto, poner un recipiente de agua en el ahumadero puede ayudar a mantener los niveles de humedad altos.

Muchos ahumaderos en caliente industriales a la venta incluyen un recipiente para el agua, por lo que también se conocen como «ahumaderos de agua». El recipiente de agua no solo aporta humedad en el proceso de ahumado, sino que también actúa como un regulador entre la fuente de calor y los alimentos para ahumar al mantener la temperatura baja. Empapar virutas de madera en agua durante una hora antes de ahumar producirá un efecto de regulación de temperatura similar. La ventaja añadida de los ahumaderos de agua es que puede alterar los aromas usando un líquido de su elección (cualquier combinación de caldo, vino, cerveza, especias y hierbas frescas o secas).

Es una cuestión de gusto personal, pero nosotros no solemos ahumar con agua, ya que disfrutamos de las texturas tradicionales de la carne ahumada en caliente. Nos han acostumbrado a que la carne húmeda es un signo de calidad, pero merece la pena considerar que una pérdida de peso en realidad significa que los sabores están concentrados. Las carnes ahumadas pueden perder hasta un 10 % de su humedad durante el proceso de ahumado. Esto depende de la temperatura, de la duración del ahumado, del flujo de aire y de la humedad dentro del ahumadero. Eliminar esta última es particularmente importante cuando los productos se ahúman en frío para conservarlos, más que cuando se ahúman en caliente por el sabor y para su consumo inmediato.

Cuanto más largo es el tiempo de ahumado, mayor es la pérdida de humedad, con el resultado de una mayor proporción de sal. El producto se vuelve más seco y salado, pero su vida útil es también mayor. Durante el ahumado es necesario un aporte de aire fresco, que por lo general se controla mediante un regulador de tiro. El humo existente también requiere un regulador, de lo contrario la brea y otras partículas de madera que no se hayan quemado empezarían a acumularse, en detrimento del aspecto y el sabor del producto.

COMBINACIONES CREATIVAS

El ahumado en caliente ofrece muchas posibilidades: pescado, aves y carne pueden mezclarse con cualquier humo adecuado, lo que permite un sinfín de combinaciones y variedades de sabores distintos. El truco es servir el producto ahumado con acompañamientos que complementen los sabores logrados. Puede seguir las recetas de este capítulo o usarlas como inspiración para cocinar cualquier producto que haya ahumado.

CONSEJOS DE SEGURIDAD

Cuando esté ahumando carne o pescado, es muy importante que la temperatura a la que mantenga los productos esté fuera del rango ideal para el desarrollo de las bacterias. Las temperaturas realmente peligrosas son las más cercanas a nuestra temperatura corporal, ya que es cuando las bacterias proliferan y crecen muy rápido. Como norma, nunca cocine alimentos a temperaturas entre 25 y 60 °C.

ELEGIR LA MADERA PARA AHUMAR

MADERA	CARACTERÍSTICA	USOS
Aliso	Muy delicada	Pescado y aves
Manzano	Algo dulce pero relativamente densa	Carnes rojas y quesos
Fresno	Quema rápido pero con un sabor delicado y singular	Pescado
Abedul	Suave	Cerdo y aves
Cerezo	Ligeramente dulce	Carnes
Castaño	Sabor a nuez	Quesos
Nogal	Acre y densa	Todo
Arce	Similar al abedul	Quesos y aves
Mezquite	Fuerte y densa	Carnes rojas
Roble	Intenso sabor a humo	Todo
Peral	Ligeramente dulce	Quesos y aves

MÉTODO 12

AHUMADEROS EN CALIENTE

Tener un ahumadero es un lujo que le prestará servicio durante años y le brindará innumerables oportunidades de preparar deliciosas comidas. Comprar un ahumadero es fácil (basta echar un vistazo en internet), pero es más satisfactorio construirse uno propio, empleando artículos viejos sin usar y otros nuevos, como la madera del cajón para ahumar. Ubíquelo en una dependencia exterior, lejos de materiales inflamables, y regule el calor y la llama según sea necesario.

ELEGIR UN AHUMADERO

Los ahumaderos en caliente disponibles en el mercado suelen ser de dos categorías: los destinados a usarse en la cocina (para placas de cocción o eléctricos) y los exteriores para barbacoa/ahumaderos de agua. La gama de ahumaderos de agua disponible es asombrosa, pero básicamente todos disponen de una fuente de calor, una olla para el agua y una rejilla para la carne. La tapa sella bien, pero el flujo de aire que controla la temperatura del carbón y la densidad del humo suele ajustarse con unas sencillas rejillas de ventilación.

CONSTRUIR UN AHUMADERO GRANDE

Al igual que en un ahumadero comprado, necesitará una fuente regulable de calor y un medio de generar humo. Nosotros diseñamos un ahumadero que es capaz de ahumar tanto en calor como en frío, y presenta un dispositivo de control de la temperatura importante (*véase* el diagrama contiguo).

El generador de humo es una antigua estufa de leña que no tiene puertas. Un trozo de contrachapado proporciona el cierre necesario, y un ventilador de ordenador de 12 V mantiene el serrín, nuestra fuente de humo elegida, en una combustión sin llamas. Nosotros usamos un soplete, que, si se mantiene firme durante unos 20 segundos, proporciona una buena brasa. Una sección de tubo de ventilación flexible conecta el cajón de humo con la cámara de ahumado. Esta separación permite que el humo se enfríe y también que cualquier sedimento se quede en el conducto. Para ahumar en frío es todo lo que necesita: simplemente tiene que poner lo que quiera ahumar en el cámara de ahumado y ajustar el flujo de aire. Nosotros taladramos unos agujeros en la parte superior de la cámara y los taponamos con corchos de botellas de vino. El número de agujeros que dejamos abiertos determina el flujo de aire y, por tanto, la densidad del humo.

Para usar el cajón de humo como un ahumadero en caliente, disponemos de un anillo de gas con una pieza de metal (cobre, en nuestro caso) que se coloca encima y distribuye el calor. La regulación de la temperatura es bastante burda: es cuestión de variar el flujo de gas. Puede parecer un poco arriesgado tener un anillo de gas dentro de una caja de madera, pero las temperaturas a las que ahumamos no son extremas, ya que lo mantenemos «bajo y lento».

CONSEJOS DE SEGURIDAD

Es importante tener en cuenta la seguridad al utilizar un ahumadero en caliente. Compruebe que todo el equipamiento funciona bien antes de empezar y no deje el ahumadero desatendido durante mucho tiempo.

Mantenga el humo dentro

UN AHUMADERO GRANDE

- corchos para la evacuación de humo
- termómetro
- botella de gas
- ganchos y colgadores
- anillo de gas y placa metálica para la distribución del calor
- tubería de metal
- astillas (sarmientos de vid)
- serrín
- estufa antigua de leña

AHUMADO EN CALIENTE 103

PREPARAR LA CARNE Y EL PESCADO

- Pescado: corte en filetes y quite las espinas intramusculares, o cúrelo entero, frotando sal en todos los orificios.
- Pollo y pavo: corte en filetes o en porciones, o ahúmelo entero. En caso de ahumarlo, debe cortar la piel alrededor del final del cuello y quitar completamente el cuello para que haya un buen flujo de humo a través de la cavidad. Si solo va a ahumar los muslos o la parte más gruesa de la pechuga, pínchelos varias veces con un palillo para que penetre bien la sal en la carne.
- Pato: corte la piel del final del cuello y haga muchos agujeros en la carne antes de curarlo. Si solo va a ahumar la pechuga, también debe agujerearla.
- Piezas de carne de vacuno, cerdo, cordero y ovino: deshuese o corte en filetes la pieza. Resulta útil cortarla con un grosor uniforme, ya que así puede cocinarse toda de manera homogénea. Corte la grasa que esté suelta.

CURAR LA CARNE O EL PESCADO

El curado puede ser seco (*véanse* págs. 42-45) o húmedo (*véanse* págs. 18-21); añádale los condimentos que considere que complementan mejor la carne. Si no, un simple curado de sal y azúcar dejará que destaque únicamente el sabor de la carne. Esta debe conservarse en la nevera o en un sitio fresco durante el tiempo del curado.

Una vez terminado el proceso de curación, hay que eliminar el exceso de sal. Aclare la carne en agua fría, séquela a palmaditas con papel de cocina y déjela secar completamente. Esto puede hacerse en un lugar fresco y seco, o incluso en un horno con el ventilador encendido y el calor apagado. Al término del secado, puede que haya quedado una corteza seca de azúcar/sal sobre la carne: es una película que no hay necesidad de quitar. Asegúrese de que la carne está seca antes de proceder al ahumado en caliente.

CURAR PARA AHUMAR

PRODUCTO	TIEMPOS DE CURADO (HORAS)	OBSERVACIONES
Lomo de salmón	1	Curado en seco
Caballa	½	Curado en seco
Filete de trucha	¼	Curado en seco
Pechuga de pato	1	Curado en seco
	3	Salmuera
Pato entero	6	Curado en seco
	12	Salmuera
Pollo	4	Curado en seco
	8	Salmuera
Carne de vacuno	12	Curado en seco
	24	Salmuera
Cerdo	9	Curado en seco
	18	Salmuera

PREPARAR EL AHUMADERO

Conviene que el ahumadero se estabilice antes de abrirlo e introducir la carne. Si va a usar una olla de agua, debería añadir el líquido caliente en vez de esperar a que lo haga el ahumadero.

AHUMAR CARNE Y PESCADO

Los tiempos de cocción son estimados en el mejor de los casos (*véase* la tabla contigua). Sin embargo, la manera mejor y más precisa de comprobar si la carne está hecha es con una sonda de buena calidad, un termómetro de cocina, que medirá la temperatura interna de los alimentos que se estén cocinando.

TIEMPOS Y TEMPERATURAS

Siempre habrá alguna variación en la temperatura del ahumadero si tiene que mantener alimentado un fuego o estar generando humo a un ritmo constante a partir de ascuas de serrín o cascajos. Con todas estas variables y, por supuesto, la variación en el tamaño y forma de la carne, verá que al final los tiempos de cocción acaban resultando muy relativos.

Los siguientes tiempos de cocción son solo una guía y, siempre y cuando se alcance la temperatura interna de cocción, todo irá bien.

PRODUCTO	TIEMPO APROXIMADO DE COCCIÓN/AHUMADO	TEMPERATURA INTERNA DE COCCIÓN
Entrecot de vacuno	3-4 horas	Poco hecho 50 °C En su punto 60 °C Bien hecho 70 °C
Pecho de vacuno	6-8 horas	85 °C
Costillar de vacuno	6-18 horas	Poco hecho 50 °C En su punto 60 °C Bien hecho 70 °C
Pollo entero	3,5-4 horas	75 °C
Pechuga de pollo o muslo	45 minutos	75 °C
Pavo entero	8 horas	75 °C
Pato entero	3-4 horas	65 °C
Pechuga de pato	1 hora	65 °C
Paleta de cerdo	Más de 12 horas	85-90 °C
Lomo de cerdo	4-5 horas	65 °C
Costillas de cerdo	5-6 horas	Cocinar hasta que la carne se desprenda del hueso con facilidad
Salmón entero	2-3 horas	Cocinar hasta que la carne se escame con facilidad
Lomo de salmón	45 minutos	Cocinar hasta que la carne se escame con facilidad
Gambas	20 minutos	Cocinar hasta que se vuelvan rosa fuerte

AHUMADO EN CALIENTE

Durante el ahumado en caliente, la textura de los alimentos se volverá más blanda y menos densa. Para el pescado, salmón ahumado en caliente por ejemplo, la carne se escamará cuando la separe. Las aves se ahúman durante menos tiempo que la carne roja y, al tener piel, la superficie adquirirá un color distinto, pero la carne permanecerá pálida. Después de ahumar en caliente una pieza de carne y llevarla hasta un punto de cocción medio o muy hecho, debería poder trinchar la carne y ver un color rojo oscuro provocado por el ahumado. Este no llega a mucha profundidad pasada la superficie, pero cuanto más profundo, mejor.

PARA TERMINAR

Cuando la comida sale del ahumadero está lista para comer (de hecho, las ostras deben comerse de inmediato), pero a la mayoría de las carnes les vendrá bien reposar. Una vez enfriada, meta la carne en la nevera durante un par de horas o, si es posible, durante toda la noche.

Pechugas de pato ahumadas en caliente

ANGUILA AHUMADA

La anguila ahumada es un auténtico manjar. Solía ser un plato muy habitual, pero conforme merma su número, cada vez resulta más difícil de encontrar. Si puede comprar o capturar una anguila fresca, sin duda merece la pena ahumarla. Saque las tripas cortando a la altura del vientre y limpie el interior con papel de cocina. Cure la anguila en salmuera durante 2 horas para deshidratarla, después escúrrala y séquela a palmaditas. Ponga palillos o trozos cortos de brochetas de barbacoa por dentro para mantener la cavidad del vientre separada: esto permitirá que el humo penetre realmente en la carne y se impregne con los fragantes aromas de la madera.

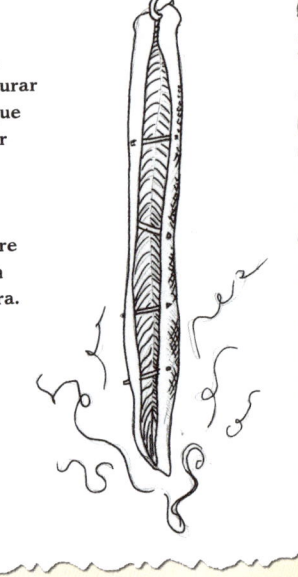

AHUMAR EN LA COCINA

Se tarda un momento en preparar una pechuga de pichón o una trucha ahumadas en un ahumador de cocina. Los principios son muy simples: se trata básicamente de una olla, con una tapa y una rejilla en el interior sobre la que se pone la carne que se va a ahumar en caliente. El material para el ahumado, por lo general astillas de madera, se coloca en la base de la olla. Cuando esta se calienta, el aire en el interior se vuelve muy caliente y la madera entra en una combustión sin llama. La carne se cocina con el aire caliente, y el humo impregna la carne. El sistema es bastante difícil de regular, y el calor interior puede volverse extremo (véase Pechuga de pichón ahumada en caliente, págs. 120-121.)

FABRICAR UN AHUMADOR DE COCINA

Puede fabricarse su propio ahumador de cocina para pequeños cortes de carne o pescado a partir de objetos cotidianos.

Se forra una olla de acero con papel de aluminio, sobre el que se colocará el material para ahumar. El aluminio protege la olla. Ponga una rejilla sobre el material de ahumado; nosotros cortamos a medida una para enfriar bizcochos, pero si tiene una pequeña que encaje, ¡ya lo tiene!

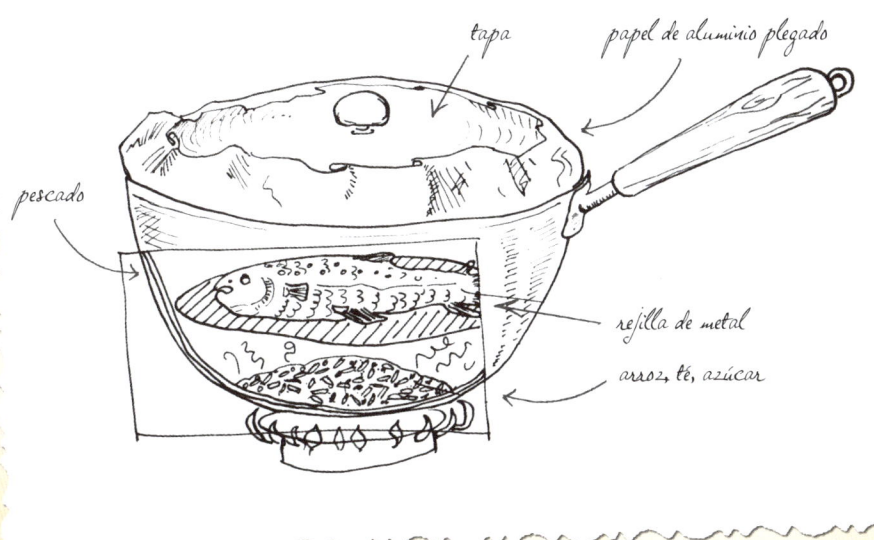

tapa
papel de aluminio plegado
pescado
rejilla de metal
arroz, té, azúcar

MÉTODO 13

PASTRAMI

El *pastrami* es, en realidad, carne de pecho de vacuno curada y cocinada con especias, ahumada en caliente y cocinada al vapor. Elaborarlo uno mismo es un proceso que lleva bastante tiempo. Sin embargo, una vez que haya probado la versión casera, se dará cuenta de que no tiene comparación con el comprado. **Nuestra receta es de un *pastrami* que es dulce y picante a la vez, ahumado y suculento.**

PREPARAR EL PECHO DE VACUNO

Siga las instrucciones para el pecho de vacuno curado en salmuera (*véase* pág. 32) y déjelo en remojo durante 5 días. Después, sustituya la salmuera por una mezcla más dulce (400 g de azúcar y otros 400 g de sal disueltos en 4 litros de agua) durante otros 5 días. Saque la carne de la salmuera y séquela a palmaditas con papel de cocina. Masajee vigorosamente el pecho de vaca con las especias, tratando de que se peguen todo lo posible a la carne.

AHUMAR EN CALIENTE LA PIEZA

Ahúme en caliente la carne a una temperatura interna de 70 °C. Si está demasiado caliente como para tocarla, entonces va bien encaminado, aunque si prefiere asegurarse puede usar un termómetro para carne. Puede ahumar la pieza en una barbacoa con tapa. Trate de mantener una temperatura baja y constante para que la cocción se demore el mayor tiempo posible, y no deje de añadir puñados de serrín o astillas de madera al fuego para mantenerlo humeante. Ponga la carne sobre un trozo de papel de aluminio resistente para reducir el calor directo y permitir que el humo siga circulando. Dele la vuelta cada tanto y cocínela durante 2-3 horas con la tapa puesta.

PARA TERMINAR

Ponga el pecho de vacuno ahumado en una rejilla sobre una bandeja de asar profunda con un par de centímetros de agua hirviendo en la base. Rodee la bandeja con un sombrero de papel de aluminio, y una los extremos pellizcándolos. Deje el mayor espacio libre posible alrededor de la carne para que circule el vapor. Cocine en un horno precalentado a 120 °C, en potencia ½ si es de gas, durante 3 horas. Pasado ese tiempo, debería poder deslizar fácilmente un tenedor en la carne. Una vez lista, corte sin problema la carne contra la veta mientras esté caliente y sírvala templada entre dos rebanadas de pan de centeno.

UN ADEREZO ESPECIADO PARA EL *PASTRAMI*

Para 1 kg de pecho de vacuno

3 cucharadas ligeramente molidas de granos de pimienta negra
1 cucharadita de ajo machacado
2 cucharadas de semillas de cilantro molidas
1 cucharada de paprika ahumada
1 cucharadita de copos de pimiento rojo

Machaque los granos de pimienta negra, el ajo y el cilantro en un mortero hasta obtener una pasta de textura basta. Añada la paprika y los copos de pimiento rojo.

CÓMO PREPARAR PASTRAMI

Cure el pecho de vacuno en salmuera durante 5 días, después sustituya la salmuera por una mezcla más dulce (partes iguales de azúcar y sal disueltas en agua) durante 5 días más.

Seque la carne a palmaditas con papel de cocina y masajee la superficie de la pieza con la mezcla de especias. Ahúmela durante 2-3 horas, dándole la vuelta de vez en cuando.

Coloque la carne ahumada en una rejilla sobre una bandeja de asar honda, con un par de centímetros de agua hirviendo en la base.

Rodee la bandeja de asar con un sombrero de papel de aluminio y séllelo pellizcando los extremos del papel. Cocine la carne en un horno precalentado a 120 °C, en potencia ½ si es de gas, durante 3 horas.

El sándwich extra grande de dos pisos con chucrut, pepinillos y mostaza es lo que ha hecho famosos a los *delis* de Nueva York. Nuestra manera preferida de servirlo está influenciada por el tiempo que vivimos en Alemania y el simple amor por los pepinillos.

PARA 4 PERSONAS

PARA EL CHUCRUT

1 cucharada de aceite de oliva

1 cebolla cortada en rodajas finas

1 repollo cortado en tiras

300 ml de vinagre de sidra

125 ml de sidra

1 cucharada de sal

PARA EL SÁNDWICH

500 g de *pastrami* cortado en rodajas finas

16 minipepinillos cortados en rodajas

12 rebanadas de pan de centeno

mostaza inglesa

PASTRAMI CON PAN DE CENTENO

En primer lugar, prepare el chucrut. Esta es una receta rápida que no lleva tanto tiempo como el método de fermentación tradicional. Caliente el aceite en una olla, después añada la cebolla y cocínela hasta que se ablande. Añada el repollo, el vinagre, la sidra y la sal, y llévelo a ebullición. Cueza a fuego lento durante 30 minutos, y añada agua si se queda muy seco. Este chucrut tan simple aguantará en la nevera 2 semanas si lo conserva en un tarro hermético.

Use 3 rebanadas de pan y 6-8 lonchas de *pastrami* para cada sándwich. Extienda mostaza en la primera rebanada de pan, añada una capa de chucrut y, a continuación, ponga el *pastrami* y las rodajas de pepinillo. Repita estos pasos y remate el sándwich con la tercera rebanada de pan.

Lonchas picantes y suculentas

MÉTODO 14

POLLO AHUMADO EN CALIENTE

Una cosa es cierta: si tiene algo de pollo ahumado en la nevera, sin duda alguna alguien acabará comiéndoselo. Así que, si enciende el ahumadero, quizás le merezca la pena preparar más de uno. Ahumar pollo en caliente lleva algo de tiempo, pero el proceso de ahumado o curado es lento, por lo que no supone un gran esfuerzo y realmente vale la pena esperar. Experimente con el tipo de humo de madera que use normalmente; a nosotros en particular nos gusta utilizar madera de haya o de castaño dulce, pero pruebe tipos diferentes (*véase* pág. 101) y decida cuál prefiere. Si quiere que el pollo ahumado le dure, sírvalo cortado en lonchas finas en ensaladas, etc.

PREPARAR EL POLLO

En primer lugar, retire el exceso de piel del cuello y de la zona de la cloaca para permitir que el aire fluya a través de la cavidad. También conviene estirar bien el pollo. Para ello, simplemente agarre las alas y tire de ellas hacia afuera, después haga lo mismo con las patas: esto hará que la cavidad del pecho se abra más.

HACER EL CURADO

Para 2 kg de pollo, mezcle bien 200 g de sal, 100 g de azúcar y 10 granos de pimienta machacados, además de cualquier especia o hierba que desee.

CURAR EL POLLO

Frote el interior y el exterior del pollo con la mezcla para curado, después coloque el pollo en un recipiente de plástico. Introduzca el resto del curado en el interior del pollo y distribúyalo también por fuera, sobre todo entre las patas y sobre las pechugas. Coloque el recipiente en un lugar fresco al menos durante 4 horas, aunque si lo prefiere, también puede dejarlo toda la noche. Una vez finalizado el proceso de curación, extraiga el pollo de la mezcla preparada, lávelo para retirar los restos de sal y séquelo a fondo con papel de cocina. Por debajo de las alas, atraviese las pechugas con una brocheta de madera y cuélguelo hasta que se haya secado por completo.

AHUMAR EL POLLO EN CALIENTE

Encienda el ahumadero y póngalo a 110°C antes de abrir la tapa para introducir el pollo. Este debería alcanzar una temperatura de 75°C en las siguientes 4 horas. Compruébelo en la parte más gruesa del muslo y de la pechuga.

PARA TERMINAR

Una vez ahumado, deje que el pollo se enfríe antes de meterlo en la nevera. El humo continuará impregnando la carne, de forma que es preferible dejar reposar el pollo un día más antes de consumirlo (cerrándolo herméticamente en una bolsa antes de guardarlo en la nevera evitará que el resto de los alimentos se ahúmen). Se conservará en la nevera durante una semana.

INTÉNTELO CON PATO Y PAVO

Estas aves pueden ahumarse de la misma forma. Pruebe a añadir comino, clavo, canela y semillas de cilantro para la mezcla del curado.

CÓMO AHUMAR POLLO EN CALIENTE

Frote el interior y exterior del pollo con la mezcla para el curado y coloque la pieza en un recipiente. Introduzca el resto del curado en el interior del pollo y repártalo por todo el exterior.

Ponga el recipiente en un lugar fresco durante al menos 4 horas. Cuando el curado haya finalizado, aclare toda la sal.

Seque a fondo el pollo con papel de cocina. Atraviese las pechugas justo por debajo de las alas con una brocheta de madera y cuélguelo hasta que esté del todo seco.

Encienda el ahumadero en caliente y, una vez que haya alcanzado los 110 °C, introduzca el pollo. El ave debería alcanzar los 75 °C en las siguientes 4 horas. Compruébelo en la parte más gruesa del muslo y la pechuga.

Este plato resalta los matices ahumados del pollo y los equilibra con las hierbas frescas. Resulta fabuloso como entrante o tentempié para la hora del almuerzo, y está delicioso servido con una rebanada gruesa de brioche tostado.

PARA 4 PERSONAS

PARA LA TERRINA

800 ml de caldo de pollo
4 láminas de gelatina en hojas
2 cucharaditas de tomillo fresco picado
1 diente de ajo picado
450 g de pollo ahumado
1 cucharadita de cebollino fresco picado
2 cucharadas de zumo de limón
2 claras de huevo
100 g de albaricoques secos troceados

la ralladura de la cáscara de una lima pequeña, de una naranja, de un pomelo rosado o de un limón para decorar

PARA EL ALIÑO DE CÍTRICOS

el zumo de 1 lima
el zumo de 1 naranja
el zumo de ½ pomelo rosado
el zumo de ½ limón
2 cucharadas de vinagre de vino blanco
2 cucharaditas de azúcar
una pizca de sal

TERRINA DE POLLO AHUMADO

Caliente la mitad del caldo de pollo en una olla, incorpore la gelatina y espere hasta que se disuelva. Retire. Ponga el resto de caldo en otra olla, añada el tomillo y el ajo, y llévelo a ebullición. Reduzca el fuego y añádale el caldo enfriado mezclado con la gelatina de la otra olla. Retire del fuego hasta que se haya enfriado, pero no permita que el caldo se solidifique.

Forre un molde alargado con película transparente y, con ayuda de una cuchara, vierta parte de la mezcla de caldo y gelatina hasta crear una capa fina en la base.

Ponga el pollo ahumado, el cebollino, el zumo de limón y el resto del tomillo en una picadora. Bata las claras de huevo y añádalas a la mezcla anterior. Continúe hasta que todo esté bien troceado. Extienda una capa de albaricoques troceados en el molde, seguida de una de la mezcla del pollo ahumado, y después agregue más caldo. Prosiga con una segunda capa de albaricoques troceados y otra más de la mezcla de pollo. Repita hasta haber acabado todo, añadiendo más cantidad de caldo en cada capa. Refrigere durante 2 o 3 horas, o hasta que haya cuajado.

Para preparar el aliño de cítricos, bata todos los ingredientes juntos y vierta la mezcla en un frasco o jarra.

Extraiga la terrina del molde ayudándose con la película transparente. Sirva en rodajas rodeadas de brotes de guisantes aderezados con el aliño de cítricos y con la ralladura del cítrico escogido espolvoreada por el plato.

No es muy habitual que sobre alguna pechuga cuando hemos ahumado pollo en caliente, ya que suele ser la primera parte que se come. Sin embargo, este plato hace que la pechuga dure más tiempo, y el resultado es sencillamente delicioso.

PARA 4 PERSONAS

250 g de pechuga de pollo ahumado
2 cucharadas de mayonesa
2 cucharadas de zumo de limón
1 cucharadita de mostaza de Dijon

PARA LAS TARTALETAS DE MASA FILO
6 hojas de pasta filo
mantequilla

MOUSSE DE POLLO AHUMADO

Corte en dados grandes la pechuga de pollo y tritúrelos con la picadora durante unos 20 segundos. Añada la mayonesa, el zumo de limón y la mostaza, y continúe picando todo alrededor de un minuto, hasta que la mezcla se haya convertido en una *mousse* sin grumos. Cuando esté usando la picadora, recuerde pasarla por los laterales para que todo se mezcle bien, y añada si fuese necesario un poco de agua fría para suavizar la mezcla. Traspase esta última a un recipiente pequeño y enfríe en la nevera.

Mientras, caliente el horno a 180 °C, potencia 4 si es de gas, y engrase una bandeja para hacer magdalenas con un poco de mantequilla. Corte la pasta filo en triángulos que encajen bien en los moldes de la bandeja para hacer magdalenas y deje que las puntas sobresalgan unos 2 cm; los lados de los triángulos deberían medir unos 20 cm. Necesitará 3 triángulos para cada tartaleta. Pinte los triángulos de pasta filo con mantequilla derretida y colóquelos en los moldes para magdalenas, presionándolos hacia abajo con fuerza y solapando las esquinas de manera que formen una «flor».

Hornéelos alrededor de 6 minutos o hasta que se hayan dorado. Deje que la bandeja se enfríe, sáquelos con cuidado y retire.

Rellene las tartaletas de pasta filo con la *mousse* fría de pollo y sírvalas coronadas con algunas hojas para ensalada.

¿Dos ensaladas de cítricos y pato en el mismo libro de cocina? No hemos podido resistirnos. Cuando pruebe por primera vez la carne de pato delicadamente ahumada, se preguntará por qué ha pasado tanto tiempo comiéndola preparada de otra manera. Esta es una de nuestras recetas más simples, pero también una de las más sabrosas. Recomendamos utilizar naranjas sanguinas por su color y su fuerte sabor, pero se puede emplear cualquier tipo de naranja.

PARA 2 PERSONAS

PARA LA ENSALADA

2 pechugas de pato ahumadas

1 naranja sanguina grande (si no puede conseguirla, recuerde que puede utilizar cualquier tipo de naranja)

un par de puñados de hojas para ensalada

1 cucharadita de ralladura de cáscara de naranja

6-12 de flores de romero (opcional)

PARA EL ALIÑO

1 cucharadita de zumo de naranja

2 cucharaditas de aceite de oliva

una pizca de sal y pimienta negra recién molida

ENSALADA DE PATO AHUMADO EN CALIENTE

Ponga las pechugas de pato en una tabla de picar y córtelas contra la veta de la carne y con un grosor de unos 5 mm. Pele la naranja, dejando la menor cantidad posible de albedo, y después trocéela.

Disponga las hojas para ensalada en una fuente y reparta las lonchas de pato ahumado por encima. Esparza la ralladura de naranja y algunas flores de romero, si tiene.

Bata bien todos los ingredientes del aliño juntos y aderece con él la ensalada.

MÉTODO 15

PECHUGA DE PICHÓN AHUMADA EN CALIENTE

El pichón es una carne terrosa y rica que tolera de maravilla el ahumado, y además es una estupenda introducción a la carne de caza para todo aquel que no la haya probado antes. Incluso aunque no pueda conseguir pichones frescos, en la mayoría de las carnicerías puede comprar pechugas de pichón congeladas, que cumplirán a la perfección su cometido.

PREPARAR EL PICHÓN

Seguro que el pichón que ha comprado no ha muerto de viejo, así que en primer lugar compruebe si tiene algún perdigón. Las pechugas de pichón no son de gran tamaño, pero una y media por persona será más que suficiente. Debido a su pequeño tamaño, no requieren un curado completo: basta con una hora en una buena mezcla de sal y pimienta y cualquier otro condimento que desee añadir.

PREPARAR EL AHUMADERO

Ponga un par de cucharadas de virutas de madera en la base del ahumadero y préndalas. Coloque la rejilla y deje la tapa parcialmente abierta. Aumente la temperatura al máximo y espere hasta que empiece a salir humo.

AHUMAR EL PICHÓN

Cuando el humo esté listo, coloque las pechugas de pichón y cierre la tapa. Baje la temperatura hasta la mitad. Las virutas de madera durarán unos 4 o 5 minutos, de modo que pasados 4 minutos apague y deje las pechugas en el ahumadero otros 4 minutos más. No resulta fácil controlar con precisión los ahumadores de cocina, así que es mejor impregnar de sabor la carne y cocinarla durante un tiempo mínimo para que no quede demasiado seca.

PARA TERMINAR

Una vez ahumadas, las pechugas estarán poco hechas, así que habrá que consumirlas de inmediato. La carne puede calentarse en una salsa que le aporte jugo y maximice los sabores.

Diferente, jugosa y ahumada

INTÉNTELO CON CONEJO

La carne magra del conejo puede ahumarse como la pechuga de pichón. No la ahúme durante más tiempo, ya que los trozos pequeños comenzarán a deshidratarse. Cuando esté preparando el conejo para el ahumado, separe la carne del hueso. El lomo no debería cocinarse demasiado porque puede quedar muy duro.

No es habitual servir el conejo rosado o poco hecho, así que, después de haber ahumado la carne, conviene cocinarlo algún tiempo más. Puede hacerlo en una salsa o en forma de pastel de carne.

INTÉNTELO CON AVES DE CAZA PEQUEÑAS

Algunas aves de caza pequeñas tienen un sabor muy delicado y solo precisan un ligero ahumado. El faisán es quizá el ave de caza más fácil de encontrar. Es preciso cortar la pechuga en unos tres trozos antes de ahumarla.

CÓMO AHUMAR EN CALIENTE PECHUGAS DE PICHÓN

Coloque un par de cucharadas de virutas de madera en la base del ahumador y préndalas.

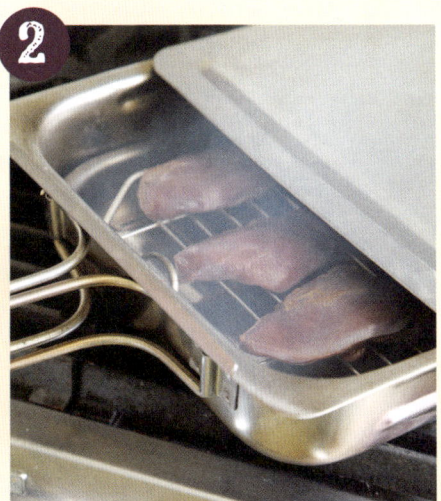

Coloque la rejilla y deje la tapa parcialmente abierta. Ajuste la temperatura al máximo y, cuando el humo comience a fluir, coloque las pechugas de pichón y cierre la tapa.

Ahúme las pechugas a una temperatura media. Tras 4 minutos, apague el fuego y deje las pechugas en el ahumador otros 4 minutos.

El pichón es una carne terrosa y rica que tolera de maravilla el ahumado en caliente y resulta deliciosa acompañada de setas, nata o jerez. Debe cocinarse en su punto, ya que de lo contrario puede quedar muy duro. Por este motivo, sírvalo de inmediato y mientras la nata esté aún caliente.

PARA 4 PERSONAS

1 paquete pequeño de masa de hojaldre

1 huevo batido con un poco de leche

25 g de mantequilla

1 cebolla pequeña, cortada en dados

2 dientes de ajo finamente picados

250 g de setas variadas, cortadas en juliana

150 ml de jerez

8 pechugas de pichón ahumadas en caliente, cortadas en rodajas

250 ml de nata espesa

sal marina y pimienta negra recién molida

tomillo fresco para decorar

PASTEL DE PICHÓN AHUMADO Y SETAS

Precaliente el horno a 180°C, en potencia 4 si es de gas.

Estire la masa de hojaldre y corte 4 círculos de 10 cm de diámetro. Colóquelos sobre papel vegetal, píntelos con el huevo batido con leche y hornéelos durante unos 20 minutos o hasta que se doren.

Mientras, caliente la mantequilla en una sartén y agregue la cebolla y el ajo. Sofría a fuego lento hasta que estén blandos y transparentes. Después, añada las setas y rehóguelas hasta que empiecen a ablandarse. Suba el fuego y añada el jerez. Mantenga en ebullición 2 minutos, después agregue el pichón y la nata. Salpimiente. Cuando esté caliente, estará listo para servir.

Con una cuchara, sirva la salsa en los platos y ponga sobre cada ración un disco de masa de hojaldre. Decore con tomillo y sirva acompañado de judías verdes.

MÉTODO 16

CABALLA AHUMADA EN CALIENTE

El ahumado en caliente es una fórmula segura para que el sabor aromático penetre en profundidad en la caballa. La ventaja es que no solo ayuda a conservar el pescado durante más tiempo, sino que también lo cocina de modo que esté listo para comer. Tanto si utiliza un ahumadero de fabricación casera de gran tamaño como si opta por una versión de cocina más pequeña, los principios son los mismos. Y puede emplear el mismo método para las anguilas frescas. La caballa ahumada casera no tiene nada que ver con los filetes sólidos y bastante duros que se encuentran envasados al vacío en los supermercados. Cuando ahúme su propia caballa, la encontrará suculenta y jugosa. Es un verdadero manjar tanto si se come sola como si se utiliza como ingrediente para otros platos.

PREPARAR LA CABALLA

Con un cuchillo de filetear, desprenda los filetes de la caballa haciendo una incisión detrás de las branquias, hacia la espina dorsal. A continuación, con un corte suave, siga la línea de las espinas transversalmente a la longitud del pescado y hacia la cola. Antes de llegar a esta última, levante el cuchillo para separar el filete y dele la vuelta al pescado para repetir la acción por el otro lado. Una vez que haya terminado, limpie cualquier resto de sangre y tripas con papel de cocina.

SECAR LA CABALLA

Si ha decido ahumar la caballa para poder conservarla más tiempo, seque los filetes antes de ahumarlos. El secado puede realizarse en una simple salmuera o dejando la caballa en sal de mesa durante una hora. Para preparar la salmuera, mezcle 1 litro de agua con 100 g de sal y 50 g de azúcar en una cacerola grande. Caliente hasta que la sal y el azúcar se hayan disuelto, después deje enfriar. Introduzca la caballa en la salmuera fría, cubriéndola por completo, y déjela en el frigorífico durante 30 minutos. Extraiga entonces el pescado de la salmuera y séquelo a palmaditas con papel de cocina.

PREPARAR EL AHUMADERO

Introduzca 110 g de hojas de té sueltas (a ser posible Earl Grey o té de jazmín), 250 g de arroz de grano corto y 2 cucharadas de azúcar en la base del ahumador de cocina.

AHUMAR LA CABALLA

Coloque el pescado en una rejilla pequeña sobre el té, el arroz y el azúcar. Disponga siempre los filetes de manera que pueda ver la carne, con la piel hacia abajo: el color servirá como indicador del grado de ahumado. Coloque la tapa del ahumadero y doble sobre ella el papel de aluminio sobrante. Cocine durante 5 minutos a temperatura alta, y otros 10 minutos a temperatura baja para disfrutar de su propio y delicioso pescado ahumado en caliente. Si lo hace en un ahumadero de mayor tamaño, cocine entre 30 y 40 minutos.

PARA TERMINAR

En general, nos gusta dejar enfriar el pescado ahumado para comerlo frío al día siguiente, pero también hay algo especial en un filete de pescado servido directamente del ahumadero. Si no va a consumir la caballa de inmediato, refrigérela y consúmala en los 10 días siguientes.

CÓMO AHUMAR LA CABALLA EN CALIENTE

Coloque las hojas de té, el arroz y el azúcar en la base del ahumador de cocina.

Coloque la caballa fileteada, con la piel hacia abajo, sobre una rejilla de tamaño pequeño situada sobre el té, el arroz y el azúcar.

Ponga la tapa al ahumadero y doble sobre ella el papel de aluminio sobrante.

Cocine durante 5 minutos a temperatura fuerte, y otros 10 minutos a temperatura baja.

La caballa es la estrella de esta ensalada, mientras que la salsa de ruibarbo complementa el aderezo de pimienta y aceites naturales. Una preparación rápida y fácil casa a la perfección con las características de este pescado, uno de los pocos que se deja atrapar con cierta facilidad cuando salimos de pesca. Puede servir la caballa a temperatura ambiente o incluso caliente, directamente del ahumadero.

PARA 2 PERSONAS

1- 2 ramitas de ruibarbo forzado picado

2 cucharadas de jengibre fresco troceado

150 g de azúcar

zumo y ralladura de 1 limón

1 cucharadita de granos de pimienta negra machacados

4 filetes de caballa ahumados en caliente

un manojo grande de roqueta fresca

2 cebollas tiernas, picadas

1 cucharadita de aceite de oliva virgen extra

CABALLA AHUMADA CON ENSALADA DE ROQUETA Y SALSA DE RUIBARBO

Comience por la salsa de ruibarbo. Mezcle este último, el jengibre, el azúcar y la mayor parte del zumo de limón en una olla y déjelo cocer a fuego lento durante unos 15 minutos, hasta que los jugos se hayan liberado. Suba el fuego a intensidad media y continúe cociendo hasta que la salsa comience a espesar.

Mientras, esparza generosamente los granos machacados de pimienta negra sobre los filetes de caballa ahumados.

Ponga la roqueta y las cebollas tiernas en una fuente, aliñe con el aceite de oliva y un chorrito de zumo de limón y remate la ensalada con ralladura de limón.

Sirva la caballa acompañada de la ensalada y una cucharada de salsa de ruibarbo.

Esta es una receta secreta de familia y es la primera vez que se hace pública. Nuestro paté de caballa ahumada se ha convertido en un plato básico de verano. Nos encanta ahumar nuestra propia caballa en casa, pero la receta sirve igualmente para los filetes recubiertos de pimienta negra y envasados al vacío que se compran en las tiendas.

PARA EL PATÉ DE CABALLA

500 g de caballa ahumada

250 g de crema fresca

2 cucharaditas de salsa de rábano picante

1 cucharadita de pimienta negra recién molida

2 cucharaditas de mostaza de Dijon en grano

1 cucharada de zumo de limón

tostadas para acompañar

PARA LA ENSALADA DE MANZANA

1 remolacha grande

2 colirrábanos pequeños (de los morados si encuentra)

1 manzana

1 cucharada colmada de mayonesa

sal y pimienta negra recién molida

PATÉ DE CABALLA AHUMADA CON ENSALADA DE MANZANA

Ponga todos los ingredientes para el paté en un recipiente y mézclelos con un tenedor. El paté puede ser todo lo homogéneo y sin grumos que desee, así que pruebe hasta alcanzar el grado de consistencia adecuado.

Pele y ralle la remolacha. Después pele el colirrábano y córtelo en rodajas finas con ayuda de una mandolina (si no tiene, rállelo como la remolacha). Pele la manzana y córtela en rodajas. Mezcle todo en un recipiente con la mayonesa y salpimiente.

Sirva el paté con la ensalada de manzana y tostadas.

La anguila de agua dulce, o *unagi*, es un ingrediente que mucha gente no sabe cómo cocinar. Esta receta realza sus puntos fuertes y conserva su delicado sabor sin necesidad de emplear muchos ingredientes. *Nigiri* significa «moldeado a mano» y, tratándose del exquisito arte del *sushi*, este es un gran comienzo.

PARA 4 PERSONAS (3 UNIDADES POR PERSONA)

PARA EL ARROZ DEL *SUSHI*
150 g de arroz para *sushi*
75 ml de vinagre de arroz
50 g de azúcar
2 cucharadas de sal

PARA LA MOSTAZA DE RÁBANO PICANTE
2 cucharaditas de rábano picante rallado
1 cucharadita de mostaza de Dijon

PARA MONTAR LOS *NIGIRI*
12 tiras de anguila ahumada
12 tiras de *nori* (alga deshidratada)
2 cucharadas de salsa *kabayaki* para glasear
1 cucharada de semillas de sésamo

PARA ACOMPAÑAR
jengibre encurtido
salsa de soja normal

UNAGI NIGIRI

Cueza el arroz para *sushi* siguiendo las indicaciones del paquete. Mientras se esté haciendo, ponga el vinagre, el azúcar y la sal en una olla, y caliente hasta que el azúcar se haya disuelto; después, retire para enfriar. Escurra el arroz y extiéndalo en un plato llano utilizando un tenedor para separar los granos, añadiendo lentamente el vinagre al mismo tiempo. Cubra el arroz con un paño hasta que lo vuelva a utilizar.

Ponga el rábano picante rallado y la mostaza de Dijon en un recipiente, y mézclelo hasta obtener una pasta homogénea.

Para preparar el *sushi*, en primer lugar humedézcase las manos en un cuenco de agua de modo que el arroz no se le pegue demasiado. Con la mano, dele forma a un par de cucharadas del arroz para *sushi* haciendo una pequeña pelota alargada del tamaño aproximado de una pelota de ping-pong. Coloque una tira de anguila a lo largo de la bola de arroz (puede estar fría, pero suele calentarse en un grill durante uno o dos minutos). Coloque una tira de alga nori a lo ancho de la bola de arroz cruzando la anguila y presiónela por los bordes. Una los dos finales por debajo para envolver el arroz. Glasee el alga nori y la anguila con la salsa *kabayaki* y espolvoree algunas semillas de sésamo sobre los *nigiri*. Apártelo en un plato mientras prepara el resto de los *unagi nigiri* de la misma manera.

Cuando estén todos listos, sírvalos acompañados de la mostaza de rábano picante, el jengibre encurtido y la salsa de soja.

MÉTODO 17

OSTRAS AHUMADAS EN CALIENTE

Es difícil superar las ostras crudas con una gota de limón y una pizca de pimienta de Cayena. Sin embargo, no son del gusto de todos y, para aquel que tenga la suerte de consumir ostras con regularidad, un cambio puede resultar más que agradable. Si tiene espíritu aventurero y quiere intentar conservar sus ostras, ahumarlas es la mejor opción. También puede usar este método para ahumar mejillones, vieiras y berberechos.

ABRIR LAS OSTRAS

En primer lugar, necesitará abrir las ostras y ponerlas en hielo. Esto puede resultar una tarea laboriosa, por lo que merece la pena invertir en un cuchillo abreostras, pero si no tiene uno, use un cuchillo pequeño y resistente que, si se rompe, no le suponga un disgusto. Póngase guantes o envuelva la mano en un trapo la primera vez que abra ostras, ya que no solo la concha es afilada, sino que, si se apresura en el proceso de abrirlas, podría hacerse un buen corte. No emplee mucha fuerza, ya que podría dañar la ostra o, si se le resbalase el cuchillo, hacerse daño usted mismo.

Para abrir una ostra, agárrela con firmeza con una mano, introduzca la punta del cuchillo firmemente entre ambas mitades y muévalo para facilitar la apertura. Gire el cuchillo hasta escuchar un sonido parecido al de una ventosa al despegarse, y deslice entonces el cuchillo hacia los músculos que mantienen la concha cerrada. Finalmente, separe la ostra de la concha con el cuchillo.

PREPARAR EL AHUMADERO

Mezcle los ingredientes en un recipiente pequeño. Para 8 ostras necesitará 250 g de arroz largo, 1-2 cucharadas de té suelto (a ser posible Earl Grey o de jazmín) y 250 g de azúcar moreno. Forre una cacerola con papel de aluminio, dejando que sobresalga por los bordes (este faldón se usará más tarde para sellar la tapa). Deposite la mezcla en la cacerola y coloque una rejilla pequeña (una circular es lo ideal) con otra capa de papel de aluminio encima para colocar las ostras.

AHUMAR LAS OSTRAS

Ponga la olla en el fuego para que empiece a producirse el humo y, cuando ya lo haya, coloque las ostras. Tape entonces la olla y selle bien el faldón de papel de aluminio alrededor de la tapa para retener la mayor cantidad posible de humo, que dará sabor a las ostras y las cocinará. Mantenga la olla en el fuego durante 10-15 minutos. Tire la mezcla para el ahumado (¡déjela enfriar antes de tirarla al cubo de basura!) y sirva las ostras inmediatamente o deje que se enfríen durante una hora.

CONSEJOS DE SEGURIDAD

Las ostras deben mantenerse en el frigorífico y es preciso consumirlas en un par de días como mucho. Tan solo debe consumir las ostras vivas, y por lo general lo sabrá si las conchas están bien cerradas o se cierran rápidamente al tocarlas. No las consuma si están abiertas o no responden a la «prueba del toque».

CÓMO AHUMAR OSTRAS EN CALIENTE

1 Mezcle el azúcar, el arroz y el té en un recipiente pequeño. Forre una cacerola con papel de aluminio de modo que sobresalga un faldón por los bordes, y coloque la mezcla para el ahumado en la cacerola.

2 Coloque una rejilla circular y ponga papel de aluminio encima para colocar las ostras. Ponga la olla al fuego para empezar el ahumado. Cuando esté echando humo, coloque las ostras.

3 Después tape la olla y use el faldón del papel de aluminio para sellarla y que el humo permanezca dentro, doblando bien el papel de aluminio alrededor de la tapa.

4 Mantenga la olla en el fuego durante 10-15 minutos. Deseche la mezcla para el ahumado y deje enfriar las ostras o sírvalas inmediatamente.

Nos encanta el contraste de una salsa fresca con las ostras ahumadas. La salsa que proponemos es sencilla: el plato mantiene a las ostras ahumadas como protagonistas y resulta perfecto acompañado de una copa de vino blanco seco en una cálida noche de primavera.

PARA 4 PERSONAS COMO APERITIVO
O PARA 2 COMO ENTRANTE

8 ostras ahumadas
125 g de hinojo marino
pimienta de Cayena
cilantro fresco picado para decorar

PARA LA SALSA
3 tomates grandes
1 diente de ajo
1 chile rojo fresco, sin semillas
½ cebolla roja
unas ramitas de cilantro fresco
el zumo de 1 lima

OSTRAS AHUMADAS Y SALSA

Para preparar la salsa, pique los tomates, el ajo, el chile, la cebolla y el cilantro, y rocíe todo con el zumo de lima. Reserve.

Condimente las ostras frías con una pizca de pimienta de Cayena. Coloque unos cuantos tallos de hinojo marino en cada concha, ponga una ostra encima y cúbrala con una cucharada colmada de salsa y cilantro picado.

5

AHUMADO EN FRÍO

INTRODUCCIÓN AL

AHUMADO EN FRÍO

El ahumado en frío no es un método para cocinar, sino para conservar alimentos, y si se mantiene en condiciones frescas, el producto ahumado puede llegar a durar muchos meses. Por supuesto, el nombre lo dice todo, y es importante utilizar el menor calor posible. En eso consiste el reto: todos sabemos que «no hay humo sin fuego», pero en este caso necesitamos el humo pero no queremos calor en absoluto. Parece muy difícil, pero el ahumado en frío es sorprendentemente fácil y da unos resultados deliciosos.

EN QUÉ CONSISTE EL AHUMADO EN FRÍO

Los alimentos (y más en concreto la carne) se suelen curar antes de ahumarse, ya que el proceso de curado extrae la humedad necesaria para que las bacterias se desarrollen al tiempo que potencia la absorción del humo de la leña. Buscamos ese sabor a humo, pero la penetración de este en los alimentos también crea una barrera contra las plagas y bacterias. En el proceso del ahumado en frío apenas se produce un ligero endurecimiento de la superficie exterior o envoltura de la carne, de tal manera que el humo penetra en ella sin problema.

PRINCIPIOS BÁSICOS
- Elija un día frío.
- Controle la temperatura del humo.
- Compruebe que queda suficiente espacio alrededor de la pieza para que circule el humo.
- Deje los alimentos ahumados en el frigorífico durante al menos 24 horas antes de consumirlos (bien envueltos).
- Asegúrese de que el serrín o las virutas no estén contaminados por tipos de madera no deseados.
- Coloque las piezas en el ahumadero cuando esté operativo y produciendo mucho humo.

LA TEMPERATURA CORRECTA

El ahumado en frío resulta algo más difícil que la versión en caliente porque es importante que la temperatura de ahumado esté por debajo de 20°C. Esto es posible si ponemos un poco de cuidado, pero significa que cualquier fuente de calor usada para que la madera arda sin llamas debe mantenerse separada de la cámara de ahumado. Si esto lo hace mal, los alimentos podrán empezar a cocinarse y perderán sus cualidades de conservación. Por otro lado, una temperatura más elevada también proporcionará las condiciones idóneas para que las bacterias puedan desarrollarse.

LA MADERA

Puede parecer algo evidente, pero los diferentes tipos de madera proporcionarán sabores distintos (*véase* pág. 101 para una selección de nuestras favoritas). Algunas maderas deben evitarse, en concreto las blandas como el pino o el abeto, ya que su alto contenido en resina y brea estropeará el sabor de los alimentos. Como norma, elija maderas nobles de clima templado.

ADQUIRIR LA MADERA

Debe ser cuidadoso a la hora de adquirir la madera: no es algo tan simple como visitar a un carpintero o ebanista y pedirle serrín y virutas. Muchos talleres usan una gran variedad de materiales, y una bolsa de virutas contaminadas con madera blanda o con polvo de aglomerado hará que la comida resulte incomible y peligrosa. Por lo tanto, asegúrese

El ahumado en frío precisa poco equipamiento, simplemente productos de calidad

de explicar exactamente lo que necesita. Por supuesto, también puede recolectar su propia madera y pasarla por una astilladora. Probablemente el otoño y el invierno son las mejores épocas para esto, ya que es cuando hay menos savia en la madera.

LA COMBUSTIÓN

La forma de colocar la leña en el ahumadero determinará cuánto tiempo arderá, la densidad del humo y el calor es decir, todos los factores importantes que hay que controlar.

Empezaremos por colocar un reguero de serrín en el fondo del bidón-ahumadero, distribuyéndolo en forma de herradura (de unos 15 cm de alto y ancho) contra la pared del bidón. Emplearemos serrín, ya que no libera llamas tan fácilmente como las virutas; dicho esto, puede resultar difícil de encender. Usaremos un soplete, sosteniéndolo con firmeza durante unos 30 segundos hasta que haya una brasa para encender un extremo del reguero de serrín, y dejaremos que este arda alrededor del círculo. Se estima que un montón de serrín que recorra la mitad del bidón arderá durante unas 8 horas: tres cuartos de circunferencia durarán unas 12 horas, por lo que arderá durante toda la noche. El tiempo de combustión será más breve si hay mucha corriente de aire, o si usa un serrín muy ligero, como el del fresno.

Si dispone de un cajón de humo separado, puede usar virutas o astillas de madera, que tienden a arder a temperaturas más altas que el serrín. Las virutas pueden prender si no se tiene cuidado, lo que reduciría enormemente el tiempo de ahumado

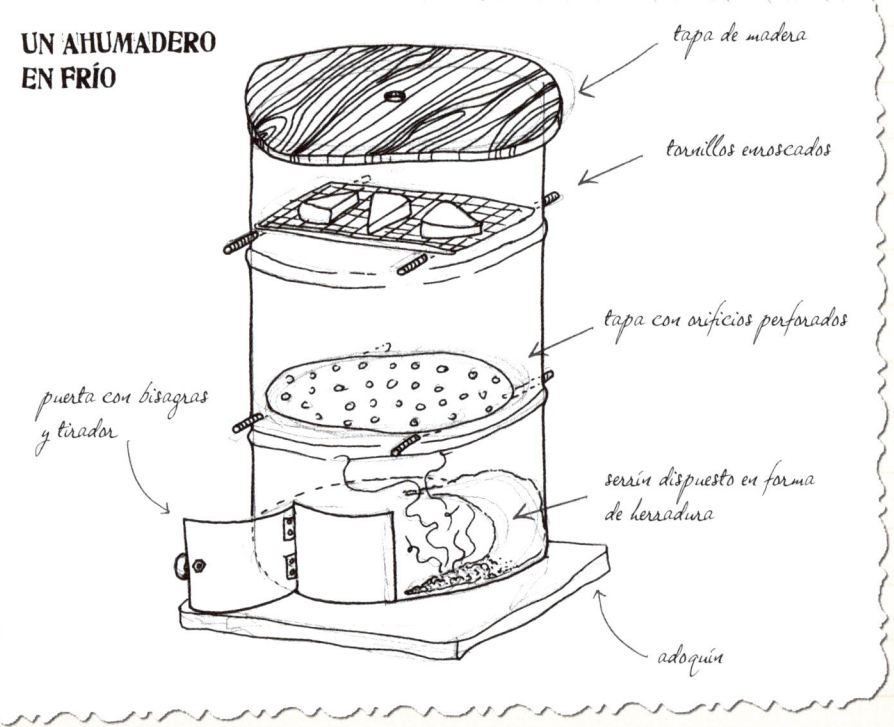

UN AHUMADERO EN FRÍO

- tapa de madera
- tornillos enroscados
- tapa con orificios perforados
- puerta con bisagras y tirador
- serrín dispuesto en forma de herradura
- adoquín

140 AHUMADO EN FRÍO

y la densidad del humo. Cuanto más compactas estén las virutas, más despacio arderán.

EL USO DEL AHUMADERO EN FRÍO

Su ahumadero en frío puede contener una gran cantidad de alimentos y debería usarlo a su máxima capacidad siempre que sea posible. Cuando lo llene, asegúrese de dejar espacio suficiente para que el humo circule. Para evitar que los alimentos se adulteren, debe asegurarse también de que los diferentes productos están lo bastante separados (no querrá, por ejemplo, que el queso se vea afectado por un pescado colocado demasiado cerca).

> **CONSEJOS DE SEGURIDAD**
>
> Cuando esté ahumando carne o pescado, es muy importante que la temperatura a la que mantenga los productos esté fuera del rango ideal para el desarrollo de las bacterias. Las temperaturas realmente peligrosas son las más cercanas a nuestra temperatura corporal, ya que es cuando las bacterias proliferan y crecen muy rápido. Como norma, nunca cocine alimentos a temperaturas entre 25 y 60°C.

AHUMAR ALIMENTOS EN FRÍO

PRODUCTO	OBSERVACIONES	TIEMPO
Queso	Cortar en trozos de unos 500 g; pueden ahumarse muchos a la vez.	6-8 horas
Jamón	Tras curar y enjuagar, séquelo y colóquelo en el ahumadero con mucho espacio a su alrededor.	24-48 horas
Beicon	*Véanse* págs. 142-143.	
Salami (antes del secado al aire)	Colóquelo en el ahumadero. Tras el ahumado, déjelo colgado para que cure (sabor a humo muy ligero).	4-8 horas
Salami (después del secado al aire)	Tras el secado al aire, ahúmelo, manténgalo 24 horas y consúmalo.	4-8 horas
Frutos secos	Colóquelos en una sola capa en una bandeja.	4 horas
Ajo	Separe las cabezas en la rejilla.	6 horas
Salmón	*Véanse* págs. 146-147.	
Trucha entera	Limpie el pescado, cúrelo durante 2-3 horas, séquelo y, a continuación, atraviese la cuenca de los ojos con una ramita para colgarlo en vertical, o extiéndalo sobre una rejilla.	4-6 horas
Huevos	Los huevos duros pelados están deliciosos ligeramente ahumados.	2 horas

MÉTODO 18

BEICON AHUMADO EN FRÍO

Una vez que hemos aprendido a elaborar nuestro propio beicon (*véanse* págs. 46-47), querer ahumarlo es un paso natural. El beicon puede hacerse a partir de diferentes cortes del cerdo, y el modo en que se cura y ahúma la carne puede crear sutiles diferencias de sabor. El tocino de lomo magro procedente del lomo curado es uno de los tipos de beicon más populares en Gran Bretaña, y la panceta es una opción económica, aunque también merece la pena considerar la sutileza del cabecero y recordar que la panceta tiene un sinfín de usos culinarios. Tan infinitamente variados son los cortes y curados como las posibles maneras de ahumarlos. Las diferentes maderas harán que el sabor del beicon sea distinto, y el tiempo de ahumado también tendrá un efecto enorme en el producto final.

ELEGIR EL CORTE

La tradicional pieza de beicon en los hogares ingleses solía ser uno de los alimentos favoritos de toda la familia. La más popular era la parte del cabecero con hueso que abarca desde el hombro hasta justo detrás de la cabeza del cerdo. El cabecero principal suele pesar unos 2,5 kg, mientras que el trasero es algo más pequeño, pues pesa alrededor de 1 kg. También está la paleta, la pierna delantera del cerdo, de la que puede extraerse la maza, una parte que se encuentra en la zona más grasa, pero que proporciona un asombroso sabor a caldos y guisos de guisantes y lentejas; y el codillo, cuya carne está excelente en guisos y estofados.

Pídale al carnicero una pieza con hueso que tenga lomo y panceta. A él no le costará nada prepararla, pero usted podrá probar tanto el lomo ahumado como la panceta ahumada al término del proceso. Si prefiere empezar con algo más simple, pruebe con una pieza de panceta o lomo, si lo que quiere es preparar beicon de lomo.

CURAR LA CARNE

En primer lugar, es preciso curar el beicon. La decisión que deberá tomar es si lo quiere curar en seco (*véanse* págs. 42-45) o en salmuera (*véanse* págs. 18-21). Ambos métodos funcionarán bien, pero si esta

142 AHUMADO EN FRÍO

Simplemente cuelgue el beicon si va a consumirlo en cuestión de días

de serrín empezar, ya que cada uno de ellos tiene un sabor único. El beicon ahumado con roble o manzano es lo que la mayoría de la gente espera, pero merece la pena experimentar con algo como el haya para la primera tanda. Conforme vaya adquiriendo experiencia, podrá probar con madera de arce, mezquite y nogal.

AHUMAR LA CARNE

El beicon puede situarse sobre la rejilla del ahumadero o colgarse de un colgador especial o incluso de un gancho de carnicero. Compruebe la temperatura y controle el ahumadero de vez en cuando para asegurarse de que sigue encendido. Ahúme el beicon durante unas 6 horas o hasta que le agrade el color que ha adquirido.

PARA TERMINAR

Cuando esté satisfecho con el beicon ahumado, sáquelo del ahumadero, envuélvalo con papel aceitado o de aluminio y guárdelo en la nevera durante 24 horas para dejar que el sabor impregne la carne por completo. El beicon se conservará en la nevera durante un par de semanas siempre que se guarde bien envuelto.

SERVIRLO

Una vez que el beicon esté listo para consumir, córtelo en lonchas. Póngalas en una sartén sin aceite, encienda el fuego y, cuando esté caliente, el beicon expulsará la suficiente grasa como para freírlo perfectamente. La panceta está muy rica cortada en taquitos y puede emplearse en numerosos platos. Las piezas de beicon ahumado son una maravillosa opción cocidas y servidas en caliente o frío. Están especialmente buenas servidas calientes con una salsa de perejil.

es la primera vez que lo hace, un curado seco sencillo en un recipiente de plástico con varios agujeros de drenaje en la base y una tapa será tal vez la opción más sencilla. Prepare una mezcla de curado simple, ya que el sabor debe aportarlo el humo.

SECAR LA CARNE

Extraiga el beicon de la mezcla de curado, lávelo bien y séquelo a palmaditas con papel de cocina. Cuélguelo en un lugar fresco y seco durante 1 hora. Cuando el secado se haya completado, quedará sobre la carne una película de sal/azúcar. Este recubrimiento ayudará a que el humo impregne el beicon de forma mucho más efectiva. La carne deberá estar bien seca para que la pieza adquiera un color uniforme y reciba la misma cantidad de humo por todas partes.

PREPARAR EL AHUMADERO

Encienda el ahumadero y deje que forme abundante humo. Resulta difícil recomendar con qué tipo

El clásico bocadillo de beicon, lechuga y tomate para desayunar es definitivamente difícil de superar. Es cierto que, cuanto mejor sea el beicon, mejor sabrá el «bocata». A los dos nos encanta el beicon ahumado en casa, y este bocadillo es la manera perfecta para disfrutarlo.

PARA 2 PERSONAS

2 panecillos de chapata (sirve cualquier tipo de pan)
un chorrito de aceite de oliva
6 lonchas de beicon ahumado
2 dientes de ajo
2 cucharadas de mayonesa
2 tomates grandes maduros
2 puñados de hojas variadas para ensalada

PARA EL GUACAMOLE

1 aguacate maduro
1 cucharada de cilantro fresco picado
el zumo de ½ lima
½ chile rojo suave
½ cebolla roja cortada en dados
sal y pimienta negra recién molida

EL BOCADILLO DE BEICON DEFINITIVO

Abra los panecillos de chapata por la mitad con un corte longitudinal y tueste las dos partes hasta que adquieran un color dorado.

Mientras los panecillos se están tostando, caliente un chorrito de aceite en una sartén. Agregue las lonchas de beicon y fríalas al gusto. Sáquelas de la sartén y manténgalas calientes.

El siguiente paso es preparar el guacamole extrayendo la pulpa del aguacate y picándolo junto con el cilantro, el zumo de lima, el chile y la cebolla roja. Sazone con sal y pimienta.

Por último, pique el ajo y mézclelo con la mayonesa en un recipiente pequeño. Extienda esta mezcla de mayonesa sobre el pan y póngalo bajo el grill durante un par de minutos.

Corte los tomates en rodajas grandes y comience a montar los bocadillos de beicon. Empiece por colocar las hojas de ensalada sobre la mayonesa de ajo caliente y ponga el tomate sobre ellas. Después, añada el beicon y una generosa cucharada de guacamole.

MÉTODO 19

SALMÓN AHUMADO EN FRÍO

La diferencia entre el salmón ahumado en frío y el ahumado en caliente es que el segundo está completamente cocinado (y tiene una textura hojaldrada), mientras que el primero permanece sedoso y firme. El ahumado en frío también hace que el pescado sea más sabroso, ya que el humo penetra con más facilidad. Y resulta muy fácil de preparar.

Cuanto más finas sean las lonchas, mejor

PREPARAR EL SALMÓN

En primer lugar, hay que preparar el salmón para el curado. Necesitará un filete con piel. Puede filetearlo usted mismo (*véanse* págs. 54-55) o comprarlo ya fileteado. Compruebe que no tenga espinas intramusculares y quítelas si fuese preciso.

CURAR EL FILETE

Ponga una capa de mezcla de sal/azúcar (*véase* pág. 56) en el fondo de un plato y coloque encima el salmón con la piel hacia abajo. Frote la parte de la carne con la misma mezcla y distribuya una capa de unos 2-3 mm de la mezcla por todo el filete. Métalo en la nevera alrededor de 4 horas. Lave bien el pescado para quitarle el curado, séquelo a fondo con papel de cocina y deje que se seque al aire durante al menos 12 horas.

PREPARAR EL AHUMADERO

Le recomendamos comenzar siempre con menos humo del que piense que va a necesitar. Resulta sorprendente la cantidad de sabor que tiene una pieza de salmón solo ligeramente coloreado por la acción del humo. Escoja el serrín que desee usar (si tiene dudas, utilice roble). Ponga una cantidad suficiente en el cajón de humo, préndalo y deje que el ahumadero se llene con humo denso.

AHUMAR EL SALMÓN

Coloque el salmón en el ahumadero y póngale la tapa. Controle la temperatura y compruebe que continúa generándose humo. Si no puede mantener el ahumadero prendido, aumente el flujo de aire. Recuerde extraer los alimentos que estén dentro antes de volver a prender el ahumadero, ya que, en caso contrario, la ceniza caerá sobre ellos.

PARA TERMINAR

Después de unas 4 horas de ahumado (y un máximo de 6 horas), saque el salmón, envuélvalo en papel encerado o papel de aluminio y guárdelo en el frigorífico para permitir que el sabor penetre del todo en el pescado. Pasadas 24 horas ya podrá disfrutarlo. Se conservará en perfecto estado de 2 a 3 semanas (en la nevera).

INTÉNTELO CON TRUCHA

Limpie bien el pescado y extraiga las branquias, frote el interior a conciencia con la mezcla para el curado y cúbralo con el resto de la mezcla. Deje que se cure durante 2-3 horas. Lávela y séquela a palmaditas con papel de cocina, y deje que se termine de secar al aire al menos durante 8 horas. Métala en el ahumadero durante 4 horas, bien sobre una rejilla o colgada de una ramita atravesada por las cuencas de los ojos.

CÓMO AHUMAR SALMÓN EN FRÍO

1. Comience por filetear el salmón y quitar las espinas intramusculares que pudiera haber.

2. Cure el pescado durante unas 4 horas. Después, aclare bien y seque el salmón con papel de cocina.

3. Ponga suficiente serrín en el cajón de humo y préndalo, dejando que el ahumadero se llene de humo denso. Coloque el salmón en la cámara, ponga la tapa y ahúme de 4 a 6 horas.

4. Saque el salmón del ahumadero, envuélvalo en papel engrasado o de aluminio y guárdelo en el frigorífico para permitir que el sabor penetre bien en el pescado.

Los blinis son pequeñas tortitas hechas de una masa con levadura, tradicionalmente de harina de alforfón o trigo sarraceno. Son la base perfecta para un canapé y pueden coronarse con un sinfín de ingredientes. Aquí nos hemos decantado por la deliciosa combinación de la crema fresca, el salmón ahumado y el caviar. Si no tiene una sartén especial para blinis, puede utilizar una resistente.

PARA UNAS 25 UNIDADES

100 g de salmón ahumado cortado en tiras
1 envase pequeño de crema fresca
1 tarro de huevas de *lumpo*

PARA LOS BLINIS

50 g de harina de alforfón
150 g de harina de fuerza
1 cucharadita de sal
7 g de levadura de acción rápida
2 huevos, separadas las claras y las yemas
300 ml de leche caliente
mantequilla clarificada para cocinar

BLINIS DE SALMÓN AHUMADO

Para preparar los blinis, tamice las dos harinas en un recipiente y añada la sal y la levadura. Bata las yemas en otro recipiente y añada la leche caliente. Vierta la mezcla de huevo y leche en las harinas, y mézclelo todo bien. Cubra el cuenco con un paño y retire durante una hora aproximadamente, hasta que la levadura se active y la mezcla quede esponjosa.

Bata las claras de huevo a punto de nieve y échelas con cuidado en la masa con ayuda de una cuchara de metal, tratando de que la mezcla quede lo más ligera posible. Deje que repose así al menos 15 minutos.

Ponga la sartén a temperatura media y, cuando esté caliente, añada una poco de aceite o mantequilla clarificada. Vierta cucharadas de la masa sobre la sartén. Tardan aproximadamente 1 minuto y medio en hacerse por cada lado. Repita la acción hasta que haya gastado toda la masa.

Una vez que haya terminado de preparar los blinis, puede empezar a montarlos. Comience con una capa de crema fresca, añada una de salmón ahumado y corónelos con el caviar.

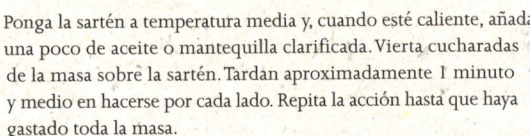

Los blinis pequeños y esponjosos son una auténtica delicia

Ya sea como manjar para el desayuno de los domingos o una comida ligera, este es un plato sencillo que, aunque dé la impresión de ser «pobre», es todo un clásico. Cuando viajamos, puntuamos los hoteles por la calidad de sus huevos revueltos: todo el mundo sabe hacerlos, pero demasiado a menudo se sirven muy secos y hechos. Para nosotros deben ser ricos, suaves y muy cremosos.

PARA 4 PERSONAS

8 huevos camperos
sal y pimienta recién molida
50 g de salmón ahumado
75 g de mantequilla
1 cucharada de eneldo fresco picado
4 rebanadas gruesas de pan integral, tostado

SALMÓN AHUMADO CON HUEVOS REVUELTOS

Bata bien los huevos y añada una pizca de sal. Corte el salmón ahumado en trozos pequeños de aproximadamente 5 x 5 mm.

Derrita unos 50 g de mantequilla en una sartén antiadherente, vierta en ella los huevos batidos y muévalos lentamente mientras se hacen. Cuando aún continúen blandos, sáquelos del fuego, añada el resto de la mantequilla y muévalos con energía. A partir de aquí, resultará esencial la rapidez de servirlos, ya que los huevos no se volverán a calentar y comenzarán a enfriarse desde este momento.

Incorpore el salmón y el eneldo, y reparta a partes iguales. Ponga los huevos sobre las tostadas y sirva con un toque de pimienta negra recién molida.

Durante mucho tiempo, el salmón ahumado se ha considerado un lujo reservado para ocasiones especiales. Ser capaces de ahumar nuestro propio salmón hace que este plato resulte razonablemente económico y, por supuesto, sabroso y delicioso.

PARA 4 PERSONAS

aceite de oliva

500 g de linguini o espagueti

1 diente de ajo picado

200 g de salmón ahumado cortado en trozos pequeños

un puñado de eneldo fresco picado finamente

1 cucharada de zumo de limón

250 ml de nata espesa

sal y pimienta negra recién molida

PASTA CON SALMÓN AHUMADO

Lleve a ebullición una cazuela de agua con sal y añada un chorrito de aceite de oliva. Añada la pasta y cuézala alrededor de un minuto menos de lo que indica el paquete.

Mientras la pasta se está haciendo, caliente una cucharada de aceite de oliva en una sartén y añada el ajo. Fríalo a fuego lento hasta que se haya ablandado, después agregue el salmón ahumado, el eneldo, el zumo de limón y la nata. Caliente rápidamente y salpimiente al gusto.

Cuando la pasta esté lista, escúrrala y reserve el agua de cocción. Añada la pasta a la sartén y remueva con cuidado, agregando un poco del agua de cocción si fuese necesario aligerar la textura de la salsa. Sirva.

Los denominados *fishcakes*, una especie de croquetas de pescado, son muy populares, y la receta que proponemos para este plato es una fusión grumosa de sabores picantes y pronunciados. Si quiere probar algo diferente, puede utilizar abadejo o bacalao en vez de salmón.

PARA 4 PERSONAS

1 kg de patatas tempranas
150 g de salmón ahumado troceado
4 cebollas tiernas troceadas
2 guindillas rojas frescas cortadas en aros con semillas
100 g de aceitunas deshuesadas negras o verdes troceadas
1 cucharada de alcaparras troceadas
½ huevo batido
3 cucharadas de cilantro cortado
el zumo y la ralladura de ½ lima

2 cucharadas de harina
sal y pimienta negra recién molida
aceite de oliva virgen extra

PARA LA MAYONESA DE LIMA
el zumo y la ralladura de ½ lima
1 diente de ajo machacado
4 cucharadas de mayonesa

PARA SERVIR
salsa de chile dulce

FISHCAKES DE SALMÓN AHUMADO

Lleve a ebullición una olla grande de agua con sal y añada las patatas. Cuézalas hasta que estén tiernas, después macháquelas toscamente, dejando algunos trozos más pequeños que otros. Retire y deje enfriar.

Ponga las patatas, el salmón, las cebollas tiernas, los chiles, las aceitunas, las alcaparras, el huevo y el cilantro en un recipiente grande. Añada la ralladura y el zumo de lima, y mézclelo todo a conciencia. Tamice la harina y mézclela con el resto de los ingredientes en el recipiente. Salpimiente. Tome un puñado de la mezcla y dele forma de bola. Una a una, vaya colocándolas sobre una bandeja de horno. Pueden mantenerse así durante horas en caso de ser necesario.

Caliente un buen chorro de aceite de oliva virgen extra en una sartén. Agregue las bolas de la mezcla de pescado, dejando bastante espacio entre ellas. Una vez llena la sartén, presione con suavidad las bolas aplastándolas con ayuda de una paleta para pescado o una espátula.

Mueva enérgicamente la sartén para asegurarse de que las croquetas no se han pegado, y déjelas hasta que la primera cara adquiera un color dorado tostado (unos 5 minutos dependiendo del fuego). Deles la vuelta con sumo cuidado y fría la otra cara.

Para preparar la mayonesa de lima, mezcle todos los ingredientes en un recipiente pequeño.

Sirva las croquetas de pescado acompañadas de una ensalada verde, la mayonesa de lima y salsa de chile dulce.

MÉTODO 20

ARENQUES AHUMADOS

Si el arenque no está destripado antes de ser ahumado, su sabor será algo más «intenso». Otros pescados grasos como la caballa pueden tratarse de una forma muy similar al arenque.

PREPARAR ARENQUES AHUMADOS

En primer lugar, deberá filetear el arenque. Necesitará curarlo durante 30 minutos, lavar bien y secar los filetes antes de colocarlos en el ahumadero durante 6-8 horas. Pasado el tiempo de ahumado, saque los arenques, envuélvalos en un papel engrasado o de aluminio y guárdelos en el frigorífico hasta una semana.

SERVIRLOS

Para cocinar los arenques ahumados, colóquelos con la piel hacia abajo en una sartén tipo grill. Úntelos con un poco de mantequilla y fríalos a temperatura alta durante unos 4 minutos.

1

Ponga el arenque con el vientre apoyado en la tabla. Córtelo a lo largo de la espina dorsal, a través de la cabeza y en la cavidad corporal, poniendo especial cuidado en no cortar a través del estómago.

4

Coloque los arenques en un plato y cúbralos con la mezcla para curado de sal/azúcar durante 30 minutos (75 g de sal y 25 g de azúcar serán suficientes para un par de arenques).

Use papel de cocina para destriparlo.

Coloque el pescado boca arriba, aplástelo y extraiga los globos oculares (para que pueda pasar una ramita a través de las cuencas cuando tenga que colgar el pescado para ahumarlo).

Lávelo bien y séquelo con papel de cocina, y después deje secar al aire durante un par de horas. Una vez secos, ponga una cantidad suficiente de serrín en el cajón de humo y préndalo, dejando que el ahumadero se llene de humo denso.

Cuelgue los arenques en el ahumadero y ponga la tapa. Controle la temperatura y compruebe que continúa generándose humo. En 6-8 horas los arenques ahumados estarán listos.

El *kedgeree* es un típico desayuno inglés que ya no disfrutamos tan a menudo como antes. Existen decenas de variaciones de este plato de pescado ahumado y ligeramente condimentado con curri, pero a nosotros nos gusta servirlo con un arenque ahumado entero y un huevo escalfado encima.

PARA 4 PERSONAS

50 g de mantequilla
4 arenques ahumados
sal y pimienta negra recién molida
500 ml de caldo de pollo
200 g de arroz basmati
4 huevos frescos grandes
1 cebolla cortada en daditos
1 cucharada de curri en polvo o en pasta, ligeramente picante
½ cucharadita de cúrcuma
1 pimiento rojo cortado en daditos
2 cucharadas de perejil de hoja plana toscamente cortado

KEDGEREE DE ARENQUE AHUMADO A LA PARRILLA CON HUEVO ESCALFADO

Unte la mitad de la mantequilla de forma equitativa por el interior de los arenques ahumados. Muela un poco de pimienta negra sobre la mantequilla. Coloque los arenques, con la piel hacia abajo, sobre la sartén tipo grill y fríalos a temperatura fuerte alrededor de 4 minutos o hasta que observe que están hechos.

Lleve el caldo a ebullición en una olla grade. Enjuague el arroz bajo un chorro de agua fría y añádalo al caldo. Cuézalo durante 10 minutos o hasta que esté en su punto. Escúrralo, pero no lave.

Mientras el arroz se está haciendo, escalfe los huevos y manténgalos calientes.

Derrita el resto de la mantequilla en una sartén de saltear tipo *wok*, después añada la cebolla y sofría a fuego lento hasta que se haya ablandado. Añada el curri en polvo y la cúrcuma, y sofría durante 2 minutos más. Agregue el pimiento rojo, continúe cocinando todo durante otros 3 minutos, añada el arroz cocido y mezcle bien. Apague el fuego y mezcle con el perejil.

Sirva el *kedgeree* con un arenque y el huevo escalfado encima.

MÉTODO 21

QUESO AHUMADO EN FRÍO

Parece que cada vez hay más y más artesanos queseros que elaboran productos sabrosos y únicos. De hecho, si algo tienen en común todos ellos, es que cada uno hace algo diferente al otro. Puede que no esté aún preparado para irrumpir en el mundo quesero del cuajo, el requesón y el suero, pero sí puede ahumar su variedad preferida de queso. El queso ahumado depende en gran medida del tipo de madera que se emplee, y los diferentes sabores actuarán de manera distinta en cada tipo de queso: las combinaciones dependerán por completo del gusto de cada uno, de modo que experimente y trate de encontrar la que más le guste. Puede emplear la misma técnica de ahumado en frío para huevos y huevas de pescado.

PREPARAR EL QUESO

Son muchos los quesos que dan un buen resultado en el proceso del ahumado, pero lo más recomendable para los principiantes son las variedades de quesos duros como el cheddar, el stilton y el gouda. Cada uno de ellos posee sus propias cualidades, que reaccionan de forma muy diversa al mezclarse con los sabores ahumados. Diviértase y no los ahúme en exceso: a veces, el queso ahumado más sabroso es difícil de distinguir del original. Corte el queso en trozos grandes mejor que en porciones individuales. Lo ideal es hacer segmentos de unos 200 g.

AHUMAR EL QUESO

Coloque las porciones de queso sobre una rejilla de manera que no se toquen entre sí, ya que el humo debe circular libremente por el ahumadero y llegar a todas las partes del queso.

Coloque el queso en el ahumadero hacia la parte alta de la cámara, alejado del calor directo. Si está demasiado caliente, se derretirá y goteará a través de la rejilla, ¡todo un pringue! Ahúme en frío durante 4-5 horas con serrín de roble, haya o manzano.

PARA TERMINAR

La mejor forma de disfrutar del queso ahumado es guardándolo en el frigorífico envuelto en papel de aluminio o papel engrasado durante al menos 24 horas antes de su degustación. Debería conservarse durante al menos 2-3 semanas.

INTÉNTELO CON HUEVOS

Una vez que se haya introducido en el universo de los ahumados, descubrirá que son muchos los fieles de este tipo de técnicas culinarias. ¡Nuestro gran secreto son los huevos ahumados! Ahúme los huevos duros de la misma forma que el queso durante 1-2 horas. El humo penetrará poco a poco hasta la yema y será sin dudas un tentempié delicioso. Resulta perfecto servido a modo de sándwich de huevo y mayonesa casera, una pizca de pimiento ahumado y algunos berros.

INTÉNTELO CON HUEVAS DE BACALAO

Una rodaja de huevas de bacalao prensadas nos deleitará por su sabor si la ahumamos en frío. Conferirá un matiz terroso al sabor del pescado. Las huevas pueden rallarse para dar un toque de pescado ahumado a otros pescados o salsas, y resulta excepcional como base para una inusual *taramasalata*. Pruebe también a mezclarlas con ajo, sal y aceite de oliva antes de añadirlas a un puré de patatas para preparar un pastel de pescado.

Ponga los alimentos en el ahumadero

Esta receta lleva huevos ahumados y chorizo picante: el resultado es un tentempié único, perfecto para disfrutar en un pícnic. Si desea otra combinación de sabores, utilice carne de salchichas mezclada con perejil, cebolla tierna y ralladura de naranja.

PARA 8 UNIDADES

500 g de chorizo fresco
250 g de harina
sal marina
pimienta negra recién molida
8 huevos ahumados
250 g de pan rallado
el zumo de un limón
2 cucharaditas de hojas de tomillo fresco
2 huevos batidos
aceite vegetal para freír

HUEVOS AHUMADOS A LA ESCOCESA

Extraiga la carne del chorizo sacándola de la tripa y divídala en ocho bolas. Aplástelas con un rodillo sobre una superficie enharinada hasta conseguir una forma ovalada de unos 12 cm de largo y 8 cm de ancho (en el punto más ancho), y colóquelas en una tabla o superficie de trabajo.

Salpimiente la harina y póngala en un cuenco poco profundo. Cubra los huevos con la harina sazonada y colóquelos sobre los discos de chorizo ovalados.

Envuelva los huevos con la carne de chorizo de manera que queden bien cubiertos, y deles entonces forma de bola. Ponga el pan rallado en un recipiente y mézclelo con el zumo de limón, las hojas de tomillo y una pizca de sal marina. Vierta los huevos batidos en un plato poco profundo y pase cada bola por el huevo batido y después por el pan rallado.

Caliente una buena cantidad de aceite vegetal en una sartén grande. Fría de dos en dos los huevos a la escocesa durante 8-10 minutos o hasta que estén dorados.

Esta receta tan fácil resalta de maravilla el sabor del queso stilton ahumado, y a nosotros nos gusta añadir puerros rehogados en mantequilla y nueces para complementar el queso. Sirva la tarta acompañada de una ensalada fresca y algunos tomates cherry dulces para romper con la textura cremosa.

PARA 4 PERSONAS

20 g de mantequilla, además de otro poco para engrasar
1 puerro picado finamente
1 cucharadita de zumo de limón
250 ml de leche
1 huevo batido
100 g de queso cheddar rallado
sal y pimienta negra recién molida
450 g de pasta brisa
50 g de nueces picadas
200 g de queso stilton ahumado cortado en dados grandes

TARTA DE QUESO STILTON AHUMADO

Precaliente el horno a 180 °C, potencia 4 si es de gas, y engrase un molde para quiches de unos 20 cm.

Derrita la mantequilla en una sartén y añada los puerros y el zumo de limón. Rehogue a fuego lento hasta que se hayan ablandado y luego retire para enfriar.

Ponga la leche en un cuenco y mezcle en él el huevo batido con el queso rallado. Salpimiente.

Extienda la masa sobre una superficie enharinada hasta obtener un círculo de unos 5 mm de grosor. Coloque la masa sobre el molde y pínchela con un tenedor por algunos sitios. Ponga un trozo de papel engrasado sobre la masa y reparta por encima una capa de bolas cerámicas para hornear, métala en el horno y cueza la masa durante 12 minutos. Sáquela del horno y deseche las bolas y el papel.

Reparta los puerros, las nueces y el queso ahumado stilton sobre la masa, y vierta la mezcla de leche, huevo y queso rallado. Hornee durante otros 15 minutos, hasta que adquiera un color dorado.

Los jalapeños rellenos son una delicia cuando se sirven acompañando una comida al estilo mexicano o como aperitivo. Adoramos esta versión con queso gouda ahumado. Es preferible preparar estos bocados la noche anterior y dejarlos en el congelador hasta que se vayan a disfrutar: son una auténtica fiesta para el paladar.

PARA 4 PERSONAS

2 chorizos cortados en tacos pequeños
2 cebollas rojas picadas en dados pequeños
500 g de queso gouda ahumado rallado
100 g de queso crema
24 jalapeños enteros

100 g de pan rallado
1 cucharadita de paprika
sal y pimienta negra recién molida
4 cucharadas de harina
2 huevos batidos
aceite vegetal para freír

PARA ACOMPAÑAR
crema agria

QUESO AHUMADO Y JALAPEÑOS RELLENOS

Ponga el chorizo cortado en taquitos y las cebollas rojas en un recipiente con el queso gouda ahumado y el queso crema. Mézclelo todo bien.

Abra los jalapeños por la mitad con un corte longitudinal y extraiga las semillas. Utilice una cucharilla para rellenarlos con la mezcla de chorizo, después presione las dos mitades juntas y vuelva a darles la forma de un jalapeño entero. Retire.

Ponga el pan rallado en un recipiente poco profundo y mezcle con la paprika y una buena pizca de sal y pimienta. Ponga los huevos batidos en un plato llano, la harina en otro plato pequeño y coloque en línea los dos platos. Enharine los jalapeños, quitando el exceso de harina, e introdúzcalos en el huevo batido y por último en el pan rallado.

Coloque los jalapeños rellenos sobre una bandeja de horno y métalos en el congelador durante 2 horas. Es preciso cocinarlos nada más sacarlos del congelador. Fríalos en abudante el aceite caliente unos 3 minutos o hasta que estén dorados, y después póngalos sobre papel de cocina para escurrir el exceso de aceite.

Sírvalos acompañados de crema agria.

Si hasta ahora no había probado las huevas de bacalao, sin duda debería hacerlo. A nosotros nos gusta freírlas en poco aceite para que conserven el delicado sabor ahumado. La otra gran ventaja de prepararlas de este modo es que quedan crujientes por fuera y tiernas por dentro. Una salsa de nata y mostaza muy rápida de preparar remata este plato (la mostaza es el complemento perfecto para las huevas de bacalao ahumadas).

PARA 1 PERSONA

1 cebolla tierna finamente picada

1 cucharada de vino blanco

1 cucharadita de mostaza en grano

50 ml de nata espesa

ralladura de 1 limón

1 cucharada de perejil de hoja plana picado

1 cucharada de harina

sal y pimienta negra recién molida

1-2 cucharadas de aceite vegetal

3 rodajas de huevas de bacalao ahumadas, de 1 cm de grosor aproximadamente

una rebanada gruesa de pan para tostar

HUEVAS DE BACALAO AHUMADAS CON SALSA CREMOSA DE MOSTAZA

Para preparar la salsa, sofría la cebolla a fuego lento junto con el vino blanco. Cuando este empiece a reducirse, añada la mostaza, la nata, una buena parte de la ralladura de limón y la mitad del perejil. Llévelo a ebullición, reduzca entonces el fuego y cocine otro minuto más a fuego lento.

Ponga la harina en un cuenco y sazone con sal y pimienta. Caliente el aceite en una sartén. Enharine las rodajas de huevas de bacalao y fríalas en el aceite ya caliente durante dos minutos por cada lado. Sáquelas de la sartén y reduzca el exceso de aceite con papel de cocina.

Tueste la rebanada de pan, coloque encima las rodajas de huevas de bacalao y vierta por encima la salsa. Decore con el resto del perejil y de la ralladura de limón, y sirva.

ÍNDICE

aguacate
  el bocadillo de beicon
    definitivo 144-145
ahumaderos 15
  anguila 106, 124
  caballa 104, 124-125
  carne y pescado 104-106
    preparación 104
    tiempos y temperaturas
      104-105
  conejo 120-121
  curar para 104
  de agua 100, 104
  de cocina 107
  elegir un 102
  en el ahumador de cocina
    107
  madera para 101
  ostras 106, 132-133
  para ahumar en caliente
    de cocina 107
    fabricar el suyo propio
      102-103
    grande 102-103
    usar en frío 140-141
  pastrami 108-109
  pato 98, 104, 105, 106, 112
  pavo 104, 112
  pechugas de pichón
    107, 120, 121
  pollo 9, 98, 112-113
  preparar 104
  principios básicos 98
  proceso 98-100
  seguridad 101
  temperaturas 98, 105
  tiempos 105

ahumado en caliente 14,
  96-135
ahumado en frío 14-15,
  136-169
  ajo 141
  arenques ahumados
    156-157
  en qué consiste 138
  frutos secos 141
  huevas de bacalao 161
  huevos 141, 161
  jamón 141
  madera para 14-15,
    138-140
  principios básicos 138
  queso 8-9, 141, 160
  salami 141
  temperaturas 138, 141
  tiempos 141
  usar un ahumadero en frío
    140-141
  usar virutas/astillas
    de madera 140-141
ahumadores de cocina
  107
ajo
  ahumado en frío 141
  salchichón al 84
  silvestre, salado 62
  tapa de chorizo con miel,
    vino y 90-91
albaricoques
  terrina de pollo ahumado
    114-115
alcaparras saladas 62-63
almacenamiento y despensa
  10

almejas
  cerdo salado y crema
    de marisco 38-39
almendras con mojama
  78-79
anguila
  ahumada 106, 124
  unagi nigiri 130-131
arenques
  ahumados 156-160
  rollmops 30-31
arenques ahumados
  elaboración 156-157
  a la parrilla con huevo
    escalfado 158-159
  servir 156
atún *véase* mojama
azúcar
  en soluciones de salmueras
    18, 21
  para curados en seco 42, 45
  cerdo 46
  gravad lax 56
  pechugas de pato 50

bacalao salado
  curar en seco 58-59
  pastel de pescado 60-61
  rehidratar 59
bacterias 42
  y temperaturas de ahumado
    101, 141
bayas de saúco saladas 62
beicon 12
  curado en seco 46-47
  el bocadillo de beicon
    definitivo 144-145

elaborar beicon curado
casero 21, 23
pasta con beicon y pesto
48-49
secado al aire 68
blinis de salmón ahumado
148-149
bolitas de masa con carne de
vacuno y chorizo 92-93
bresaola 71, 73

caballa ahumada
con ensalada de roqueta
y salsa de ruibarbo
126-127
en caliente 104
paté de caballa ahumada
con ensalada de manzana
128-129
preparación 124-125
cabra secada al aire 81
carne
ahumada en caliente 101,
104-106
tiempos y temperaturas
105
curada en salmuera 12
curada en seco 42, 45
secada al aire 13
carne curada en salmuera
véase carne salada
carne de vacuno
ahumada en caliente 98, 104
tiempos y temperaturas
105
bresaola 71, 73
carne de vacuno y chorizo
con bolitas de masa 92-93
cecina 71, 94-95
véase también pecho
de vacuno; carne salada
carne salada 32
croquetas de carne salada
con mayonesa de ortiga
34-35
elaboración 32, 33

estofado de *corned beef*
a la irlandesa 36-37
salmuera condimentada 33
véase también pastrami
carniceros 9-10
carrillada
curada en seco 46
paté 28-29
caviar
blinis de salmón ahumado
148-149
cebada perlada
cordero envuelto en carne
de ovino secada al aire
con caldo de verduras
82-83
cebollino salado 62
centeno, pan de
pastrami con 110-111
cerdo curado en salmuera
22-23
beicon 21, 23
inyectar una pieza grande
23
panceta 23
salmuera condimentada
22
véase también jamón
cerdo salado
elaboración 32
y crema de marisco 38-39
cerdo, carne de 9
ahumada en caliente 98,
104
madera para ahumar
101
tiempos y temperaturas
105
cerdo salado 32
con crema de marisco
38-39
curado en seco 45, 46-47
costillas 105
lomo 105
pata 45, 46-47
salami 7, 13, 84-89

paleta 105
panceta 23, 32, 45, 46-47
véase también cerdo curado
en salmuera; jamón
cerdos, criar los propios 7-8,
9
champiñones
pichón ahumado y pastel
de 122-123
chiles
queso ahumado y jalapeños
rellenos 166-167
chorizo 13
carne de vacuno y chorizo
con bolitas de masa
92-93
condimentos 86
huevos ahumados a la
escocesa 162-163
queso ahumado y
jalapeños rellenos
166-167
tapa de chorizo con miel,
vino y ajo 90-91
chucrut
pastrami con pan de centeno
110-111
colgar alimentos secados
al aire
jamón 72
lugares 71
salami 85, 87
condimentos
curado en seco 45
para jamón secado al aire
73
para pato ahumado y pavo
112
para salami 84, 86
salmueras 21, 22, 33, 80
conejo ahumado en caliente
120-121
contenedor de secado
fabricar su propio 15
cordero
ahumado en caliente 104

envuelto en carne de ovino
    secada al aire con caldo
    de verduras 82-83
corned beef 32
    estofado de corned beef a la
        irlandesa 36-37
croquetas de jamón y queso
    76-77
curado en seco 12-13, 40-65
    alcaparras saladas 62-63
    arenques ahumados 156
    bacalao salado 58-59
    cerdo 45, 46-47
    condimentos 45
    directrices 42
    en qué consiste 42
    gravad lax 13, 54-57
    hierbas saladas 62-63
    ingredientes 45
    limón y hierbas en sal
        64-65
    pavo 50
    pechugas de pato 45, 50, 51
    proceso 45
    recipientes para 12-13, 42,
        45
    tiempos 45
    y ahumado en caliente
        104
        pechugas de pichón
            120
        pollo 112
        y secado al aire 68
curado véase secado al aire;
    en salmuera; en seco

deshidratadores eléctricos
    71

eneldo
    gravad lax 13, 54-57
    pasta con salmón ahumado
        152-153
    salmón ahumado con
        huevos revueltos
        150-151

ensalada de pato curado
    en seco y crujiente con
    naranjas caramelizadas
    52-53
ensaladas
    caballa ahumada con
        ensalada de roqueta
        y salsa de ruibarbo
        126-127
    de pato ahumado en
        caliente 118-119
    envoltorios de muselina 68
    envolver una pierna de
        ovino 81
equipamiento 13
especias
    aderezo especiado para
        pastrami 108
    en mezclas para salmueras
        21, 23
    en salami 84
    para curar en seco 45
        cerdo 47
        pechugas de pato 50
        para jamón secado al aire 73
        pato y pavo ahumados
            112
estafilococos 42
estofado de corned beef a
    la irlandesa 36-37

faisán ahumado
    en caliente 121
frutos secos
    ahumado en frío 141

gambas ahumadas
    en caliente 105
    gravad lax 13, 54-57
    fabricar su propia prensa
        57
    filetear el pescado 54-55
    preparar la mezcla para
        el curado 57
    servirlo 57
    terminarlo 57

guacamole
    el bocadillo de beicon
        definitivo 144-145

hierbas
    en el salami 84
    en mezclas para salmueras
        21, 23
    limón y hierbas en sal
        64-65
    para el jamón secado al aire
        73
    saladas 62-63
hojaldre, masa de
    pastel de pichón ahumado
        y setas 122-123
huevas de bacalao ahumadas
    en frío 161
huevas de bacalao
    ahumadas con salsa
    cremosa de mostaza
    168-169
huevos
    ahumados a la escocesa
        162-163
    ahumados en frío 141,
        161
    escoceses, ahumados
        162-163
    kedgeree de arenque
        ahumado a la parrilla
        con huevo escalfado
        158-159
    salmón ahumado con
        huevos revueltos
        150-151
humo de madera
    de abedul 101
    de aliso 101
    de arce 101
    de castaño 101, 112
    de cerezo 101
    de fresno 101
    de haya 112
    de manzano 101
    de peral 101

jamón
   carrillada, paté de 28-29
   croquetas de jamón y queso
      76-77
   curado en salmuera 21,
      22-23
   frío con salsa barbacoa
      24-25
   glaseado asado 26-27
   secado al aire 68, 71, 72-73
   rape asado con salvia
      envuelto en jamón
      secado al aire 74-75

kedgeree de arenque
   ahumado a la parrilla con
      huevo escalfado 158-159

levaduras 42
limas
   fishcakes de salmón ahumado
      154-155
limones
   ralladura de limón en *gravad*
      lax 13, 54-57
   terrina de pollo ahumado
      114-115
   y hierbas en sal 64-65
longaniza 84

madera
   para ahumar en caliente
      101
   para ahumar en frío 14-15,
      138
   serrín 9, 15, 140
   virutas/astillas 14-15,
      140-141
manzanas
   paté de caballa ahumada
      con ensalada de
      128-129
mayonesa
   de lima 154
   de ortiga 34

mezquite 101
miel
   salsa de tabasco 94
   tapa de chorizo con miel,
      vino y ajo 90-91
moho 42
mojama 73
   con almendras 78-79
   tiempo de secado 71
mostaza
   huevas de salmón
      ahumado con una salsa
      cremosa de 168-169
mousse
   de pollo ahumado 116-117

naranjas
   ensalada de pato ahumado
      en caliente 118-119
   ensalada de pato curado
      en seco y crujiente con
      naranjas caramelizadas
      52-53
   ralladura de naranja en *gravad*
      lax 57
   terrina de pollo ahumado
      114-115
nogal americano 101
nueces
   ahumaderos de agua 100,
      104
   tarta de queso stilton
      164-165

ortiga, mayonesa de croquetas
   de carne salada con
   mayonesa de 34-35
ostras, ahumadas en caliente
   106, 132-135
   abrirlas 132
   preparar 132-133
   seguridad 132
   y salsa 134-135
ovino, carne de
   ahumada en caliente 104
   secada al aire 71, 80-81, 82

pan
   el bocadillo de beicon
      definitivo 144-145
   huevas de bacalao
      ahumadas con salsa
      cremosa de mostaza
      168-169
   pastrami con pan de centeno
      110-111
pasta
   con beicon y pesto 48-49
   con salmón ahumado
      152-153
   filo
      mousse de pollo ahumado
         116-117
pastel de pescado
   con *taramasalata* 161
   de bacalao salado 60-61
pastel de pichón ahumado
   y setas 122-123
pastrami 32, 108-111
   ahumar en caliente
      108-109
   con pan de centeno
      110-111
patatas
   asadas 24-25
   cordero envuelto en carne
      de ovino secada al aire
      con caldo de verduras
      82-83
   fishcakes de salmón ahumado
      154-155
pato
   ahumado en caliente 98,
      104, 112
   tiempos y temperaturas 105
pavo
   ahumado en caliente 104,
      112
   curado en seco 50
pecho de vacuno
   ahumado en caliente
      (*pastrami*) 32, 108-111
   curado en salmuera 32, 33

estofado de corned beef a la
  irlandesa 36-37
pechugas de pato
  ahumadas en caliente 104,
    106
  ensalada de 118-119
  tiempos y temperaturas
    105
  curadas en seco 45, 50,
    51
  ensalada de pato curado
    en seco y crujiente con
    naranjas caramelizadas
    52-53
pepperoni 86
pescado
  ahumado en caliente 101,
    104-106
  anguila 106
  tiempos y temperaturas
    105
  curado en salmuera 21
  rollmops 30-31
  curado en seco 42, 45
  rape ahumado y salvia en
    jamón secado al aire
    74-75
  véase también caballa; fishcakes
    de salmón
pesto
  pasta con beicon y 48-49
pichón, pechugas de
  ahumadas en caliente 107,
    120-123
    pichón ahumado y pastel
      de champiñones
      122-123
    preparar 120, 121
pizza
  salami 88-89
pollo
  ahumado en caliente 9, 98,
    104, 112-117
    mousse de pollo ahumado
      116-117
    preparar 112-113

terrina de pollo ahumado
  114-115
tiempos y temperaturas
  105
curado en salmuera 21

queso
ahumado en frío 8-9, 141
  humo de leña para 101
  preparar y ahumar 160
croquetas de jamón y 76-77
pastel de bacalao salado
  60-61
tarta de stilton ahumado
  164-165
stilton
  tarta de queso stilton
    ahumado 164-165
  ahumado 8-9, 12
  y jalapeños rellenos
    166-167

rape
asado con salvia envuelto
  en jamón secado al aire
  74-75
remolacha
  paté de caballa ahumado
    con ensalada de manzana
    128-129
roble, ahumar con madera
  de 101
rollmops 30-31
ruibarbo
  caballa ahumada con
    ensalada de roqueta
    y salsa de 126-127

sal
curar antes de secar al aire 68
para curado en seco 42, 45
  bacalao salado 58-59
  cerdo 46
  gravad lax 56
  pechugas de pato 50
  para salmueras 18

salami 7, 13, 84-89
  ahumar 141
  condimentos 84, 86
  a la alemana 84
  chorizo 13, 86, 90-93
  pepperoni 86
  salchichón al ajo 84
  colgar 85, 87
  con carne de cerdo 84
  pizza 88-89
  preparar la carne 84
  preparar la mezcla para
    el curado 84-85
  rellenar las tripas 85
  tiempo de secado 71
salami alemán 84
salchichas 84
  véase también chorizo;
    salami
salmón
  ahumado en caliente 98,
    104
  tiempos y temperaturas
    105
  ahumado en frío
  blinis de salmón
    148-149
  con huevos revueltos
    150-151
  fishcakes de salmón
    154-155
  gravad lax 13, 54-57
  pasta con salmón
    152-153
salmón ahumado
  blinis de 148-149
  con huevos revueltos
    150-151
  fishcakes de 154-155
  pasta con 152-153
salmonella 42
salmuera dulce 18
salmuera, curar en 12, 18-39
  comprobar la 18-21
  condimentos 21
  en qué consiste 18

llevar un registro 21
principios básicos 18
recipientes 21
rollmops 30-31
solución de 18
tiempos 21
y ahumado en caliente 104
pastrami 108
y secado al aire 68
salsa
   barbacoa, con jamón frío 24-25
   de tabasco
   para carne seca 94
   ostras ahumadas y 134-135
salvia
   rape asado con salvia envuelto en jamón secado al aire 74-75
secado al aire 13, 66-95
   arenques ahumados 157
   beicon 68
   bresaola 71, 73
   cabra 81
   carne de ovino 71, 80-81, 82
   carne seca 71, 94-95
   contenedor de secado 70
   deshidratador eléctrico 71
   en qué consiste 68
   envoltorio 68, 81
   jamón 9, 68, 71, 72-73
   lugares para colgar 71
   mojama 71, 73
   principios básicos 68
   proceso de curado 68
   salami 7, 13, 84-89
   tiempos de secado 71
seguridad
   en el ahumado en frío 141
   en el ahumado en caliente 101
   con las ostras 132
semillas de capuchina en ensaladas 62
serrín 9, 15, 140

taramasalata 161
tarta de queso stilton ahumado 164-165
terrina de pollo ahumado 114-115
tiempos
   ahumado en caliente 105
   ahumado en frío 141
   curado en salmuera 21
   curado en seco 45
tomates
   ostras ahumadas y salsa 134-135
   pizza de salami 88-89
trucha
   ahumada en caliente 104
   ahumada en frío 141

unagi nigiri 130-131

vino
   tapa de chorizo con miel, vino y ajo 90-91

CRÉDITOS DE LAS ILUSTRACIONES

Fotografías
s: superior; i: inferior; d: derecha; iz: izquierda

Todas las fotografías © **Nick Pope** con la excepción de las siguientes: **Fotolia**/Monica Butnaru (en todo el libro). **Strawbridge Family Archive** 19 (superior izquierda), 20 (superior izquierda y derecha), 43 (superior e inferior derecha), 44 (inferior izquierda), 63 (inferior), 69 (inferior izquierda y derecha), 70 (derecha), 99 (inferior izquierda), 139 (inferior izquierda y derecha). **Thinkstock**/iStockphoto (en todo el libro).

Ilustraciones: **Charlotte Strawbridge** 16, 40, 66, 96, 136. **James Strawbridge** 18, 57, 70, 103, 106, 107, 140.